南美燃煤火电
项目管理

本书编委会　编

中国电力出版社
CHINA ELECTRIC POWER PRESS

图书在版编目（CIP）数据

南美燃煤火电项目管理／《南美燃煤火电项目管理》
编委会编 . —北京：中国电力出版社，2020.4
ISBN 978-7-5198-4533-9

Ⅰ.①南…　Ⅱ.①南…　Ⅲ.①火力发电—电力工程—
工程项目管理—研究—南美洲　Ⅳ.① F477.066

中国版本图书馆 CIP 数据核字（2020）第 053001 号

出版发行：中国电力出版社
地　　址：北京市东城区北京站西街 19 号（邮政编码 100005）
网　　址：http://www.cepp.sgcc.com.cn
责任编辑：孙建英（010–63412369）
责任校对：黄　蓓　朱丽芳
装帧设计：郝晓燕
责任印制：吴　迪

印　刷：三河市万龙印装有限公司
版　次：2020 年 4 月第一版
印　次：2020 年 4 月北京第一次印刷
开　本：787 毫米 × 1092 毫米　16 开本
印　张：8.5
字　数：114 千字
印　数：0001—1000 册
定　价：60.00 元

本书编委会

前　言

当今社会步入新常态发展阶段，在"一带一路"大背景下，许多企业迈出国门，在国际市场中打拼，寻求更多的发展机遇。面对国际市场的新形势、新任务及新要求，更需以"创新"的理念，在尊重科学管理的原则、原理和方法的基础上，勇敢直面项目管理过程中出现的新问题、新矛盾，科学管理，创造性地开展工作。

仔细分析国外项目执行过程中出现的问题，就建设施工的基本原理和技术而言，国外和国内并不存在很大的差别，真正的差别在于管理理念和思维方式、施工作业环境、投资环境、政治环境、文化环境以及主权国与总包方之间关系等方面的差异。再加上自身管理水平的一些缺陷和不足之处在国外环境被放大，导致本来在国内不应该出现的风险，在国外出现了；本来在国内是小风险，在国外成了大风险。

国外工程项目的管理实施过程中，需要依据项目所在国的具体环境因地制宜地进行工程所需各种资源的协调、组织和安排，合理地规避风险，做到扬长避短。面对当前国内外的新形势，更需以"创新"的理念去应对挑战。项目执行过程要遵循项目管理理论，进一步提升科学管理能力。从项目生命周期、项目管理领域、项目管理过程、项目管理内容、项目管理理念等不同的管理角度去把控项目管理，并进行分层管理和重点管理；注重项目前期参与深度，充分了解项目背景；严格做好项目启动、计划、执行、监控、结尾等各阶段各项工作；并严格遵循"渐进明细"的项目管理理念。

笔者结合经历的海外工程管理一些经验教训和体会，对国外项目管理的有关要素进行了重点分析。该南美燃煤火电机组属于国际高端项目，融入多国元素，涉及 ISO、ASME、IEC 等国际（国家）标准。在南美区域环保要求极高的情况下，项目投产须完全达到排放标准；同时在面临苛刻劳工法的条件下，需科学管理来掌控施工进度。参与该项目的管理人员通过实践与总结，积累了一定的经验，本书的出版将有助于读者了解南美区域电力行业的发展状况，对在南美区域因地制宜进行项目管理有一定的参考价值和指导意义。

由于时间和水平有限，文中难免存在不妥和错讹之处，敬请批评指正！

编者

2020 年 3 月

目 录

第1章 项目管理概述

1.1 项目概况

1.1.1 项目基本情况

南美某火电项目设计建设一台容量为 345MW 的燃煤发电机组。本工程机组设计合理使用寿命为 25 年，年利用小时数为 8000h，频率为 60Hz。

建设工期：合同总工期 42 个月。

环境条件：即施工地理环境。

气象条件，年平均最高气温 24.1℃；年平均最低气温 13.1℃；年平均最大降雨量 124.4mm；基本风速 45m/s。

海拔高度，电厂海拔高度为 200m。

境内运输：物资境内运输以公路运输为主。

主机概述：

汽轮机是由西门子生产的亚临界、一次中间再热、单轴、双缸双排汽、湿冷凝汽式汽轮机。轴承座为无台板支撑形式，高中压缸模块化供货安装，低压缸散件供货，在施工现场组合安装。

发电机由西门子生产的水氢氢冷、额定功率 345MW 汽轮发电机，最大连续功率 360.094MW。发电机定子与转子及端盖在制造厂内组装后整体发货到施工现场。

锅炉是由东方锅炉厂生产的单炉膛、一次中间再热、冷却式旋风分离器、固态排渣循环流化床锅炉。

1.1.2　项目特点

（1）工程项目融入多国家元素，是国际化合作的产物。

（2）项目执行 ISO、ASME、IEC 等国际（国家）标准；产品采购全球化；工程管理程序化、标准化、严谨化。

（3）采用预组合、模块化施工模式，建设速度快、安装精度高，是中国工程建设速度及装备制造有力结合的产物。

（4）安全管理、环境管理、劳工管理法律化，充分体现了所在国国情和文化特点。

（5）项目所在地自然环境多风、多雨，气候多变。

1.2　项目管理目标

本项目按照两级架构、三级管控模式，以创"优质工程"为项目目标。

根据项目定位，项目部组织编写了《安全文明施工策划》《工艺质量策划》《专业标准实施方案》《分包策划》和《成本计划》，明确了安全管理目标及环保要求、质量目标、专业标准及实施目标、经营目标等。

（1）安健环（HSE）目标完成情况。

职业健康安全、环境管理体系持续有效运行，未发生人身伤亡、施工机械事故，未发生爆炸、火灾等事故。员工 HSE 培训覆盖率 100%；安全管理人员及特殊工种持证上岗率 100%。

（2）质量目标完成情况。

项目质量管理体系有效运行；工程实体检验试验合格率 100%；检验和试验计划（ITP）执行率 100%；焊缝检验一次合格率 99.3%；机组并网一次成功。

（3）工期目标完成情况。

该项目按照合同约定工作范围，进行工作分解结构（WBS）分析、分解制定三级施工计划，专业公司制定四级施工计划，对计划预警分级管控，及时采取纠偏措施，有力地保障项目施工计划顺利进行。按计划完成了汽包就位、锅炉水压试验、倒送厂用电完成、锅炉点火吹管、机组总启动等里程碑项目。

1.3　思维导图在项目管理中实践应用

结合项目特点对项目管理从不同管理角度进行下分析：

项目生命周期（仅从项目实施角度考虑）：启动、策划、勘测设计、采购及供应、施工、调试运行、竣工验收及交付、总结与后评价等阶段。

项目管理领域：涉及范围、进度、费用、质量、HSE、风险、人力、合同、财务、文化、综合、沟通信息等方面。

项目管理基本过程：涉及启动、计划、执行、监控、收尾等活动。

项目管理要素：从人、机、料、法、环等几个要素去考虑。

项目管理成熟度：包含标准化的、可测量的、可控制的、持续改进等四个维度。

另外，还有项目管理理念、目标等主观性较强地项目管理词汇。

按照上面对思维导图的简要说明，以"项目管理"这一活动为活动（思考）中心，将项目生命周期、项目管理领域、项目管理基本过程、项目管理要素、项目管理成熟度、项目管理理念目标等类别作为下一层级的连接点；然后各层级连接点按照这一原则类推再依次往下细分，这样就得到了一份项目如何管理的思维导图。具体见图 1-1。

通过绘制项目管理思维导图，可以对"项目管理"这一活动整体上有一个清晰的把握。即使各领域和要素相互之间有交叉，但也知道了管理活动所属的各个层次和各活动所属的领域，工作起来可以做到有的放矢。

领导层（决策层）能从整体上把控项目的管理。掌握不同工作阶段的管理重点。

比如项目前期重点是：将合同责任进行分解，建章立制；确定管理组织结

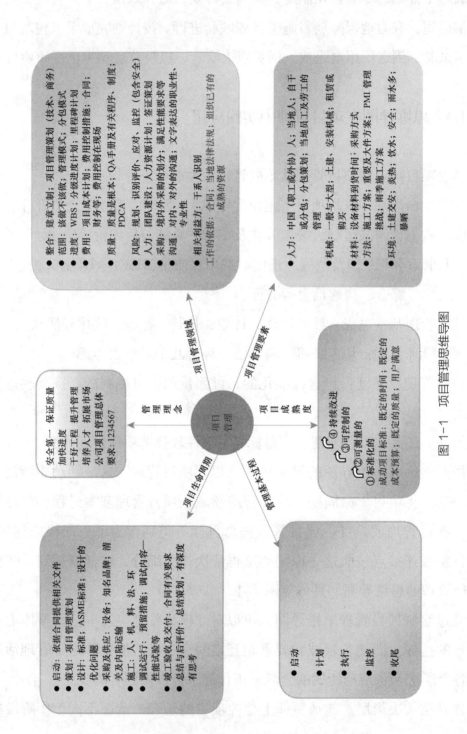

图 1-1 项目管理思维导图

构，确定人员构成及来源；做好各种策划；项目管理定位目标及大局的把控。

进入项目实施阶段要重点把控好 EPC 等各环节衔接；协调人机料法环等各种资源；现场施工重点做好土建与安装的协调管理；过程中严格遵守科学管理方法，做好监控和纠偏；安全优质高效的推进工程进展；同时也要协调好进度和费用的关系，化解各种风险；同时加强对外沟通，为项目顺利推进创造有利条件。

项目结尾阶段重点做好收尾和总结，做好尾工策划，为合同关闭创造条件。

管理层能明白自己的工作管理职责，清晰掌握各单位在各领域需完成的任务。按照项目的总体策划、计划和管理制度要求，充分发挥自己的管理职责，承上启下，做好各自的日常管理工作，从而提升管理效率，为项目顺利推进提供保障。

各执行单位能清楚所负责的工作责任范围，明确了工作目标，有利于加强执行及目标的实现；同时做到有条不紊的推进工作，合理科学的投入资源，以达到节约成本目的。

另外，通过梳理思维导图，可以清晰知道要开展的工作面有哪些，不至于顾此失彼，有所遗漏。

更重要的一点，从中可以加深对项目管理所涉及的共性原则、原理的理解和掌握，进一步提升项目管理的综合能力；明白项目管理不是简单的各种因素的叠加，其中涉及多因素的融合效应，从而能有重点的对重要工作采取有力措施，有力的推进和加快项目管理工作的进展。

该项目以建设"优质工程"为目标，以项目管理思维导图实施体系为管理框架，以公司项目管理程序制度、理念和要求（即一个理念：绿色均衡施工，创建双优工程；二级管理：项目统筹管理、工程公司专业管理；三个结合：项目目标定位于业主定位结合、业主所在集团理念的结合、公司对项目定位的结合；四个统筹：统筹现场与设备、设计的关系、统筹各标段与各区域的关系、统筹各专业与各工序的关系、统筹安全、质量、进度、经营的关系；五个同步策划：安全文明施工策划、工艺质量策划、工程准备策划、工程创优策划、二次策划；安全六化管理：安全管控一体化、风险预控责任化、教育培训实战化、安全行为规范化、安全设施标准化、文明施工次序化；质量七步走：事前策划、样板引路、专业管理、过程控制、QC 管理、技术创新、成品保护；管理基础，与合同条款、当地的法律法规要求三方面内容有效结合起来。超前策划，过程中严格执行"八个计划"（进度计划、人力计划、机械计划、图纸计划、设备计划、资金计划、成本计划、收入计划），并做好过程监控和纠偏工作，有效地推进了工程进展。

日常工作中，不断增强和培养国际化的思维模式，增强合同意识，严格程序化流程，注重文件书面工作和痕迹管理（记录、邮件、纪要等），提升图文表达能力，有效地提升了沟通效果，促进了工作的进展。

项目前期采用区域化管理，责任到位，有效地促进了均衡施工；安装后期，根据调试计划促进系统完善，集中资源保证系统满足调试要求；进入调试阶段优先保证：原料/介质能进的来，废水废料还要能排的出去，且不能污染环境（如原水系统/消防系统/防雷接地/工业及生活废水系统完善），并提供适宜的生产生活环境，如暖通空调系统的投用。

针对 EPC 项目管理的特点，积极协调协助解决 EP 环节存在的问题，为C 环节工作的顺利推进创造条件。

第 2 章　组织管理

组织管理是从项目组织管理角度出发，为完成某项目标，组建不同部门，集合不同专业人才的组织机构，一般具有一次性、临时性的特点，强调沟通协调。例如，该项目采用项目经理负责制，项目经理按照企业规章制度在项目管理过程中履行其权利和义务，最大限度地优化配置各种资源，优质高效圆满完成生产任务。

实施项目经理负责制主要在于明确了责任主体，缩短了项目管理上的指挥层次和空间，对工程的安全、质量、进度、费用等关键部位控制更为具体，有助于各种关系的整合、协调。

2.1　项目组织机构

该项目按照公司国际项目资源配置要求，设置项目经理室，项目部设置"六部室"组织机构，即 HSE 部、工程管理部、财务资金部、综合管理部、商务合同部（人资）、物资管理部，全面履行项目管理职责。

按照专业分工，项目部设热机工程公司、电控工程公司、建筑工程公司、机械工程公司、焊接工程公司五个专业公司执行团队，负责具体的工程项目施工管理。

项目组织机构见图 2-1。

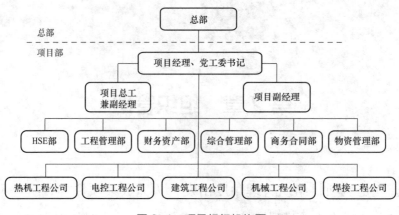

图 2-1　项目组织机构图

2.2　项目管理体系架构和有效文件

项目管理体系的作用是保证各种项目要素协调运作，对冲突目标进行权衡折衷，最大限度满足项目相关人员的利益要求和期望。项目管理体系管理流程见图 2-2。

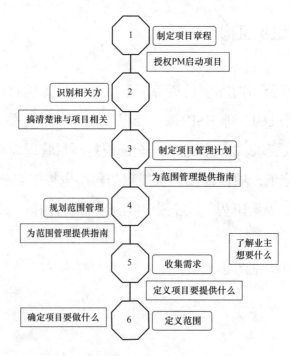

图 2-2　项目管理体系管理流程图（一）

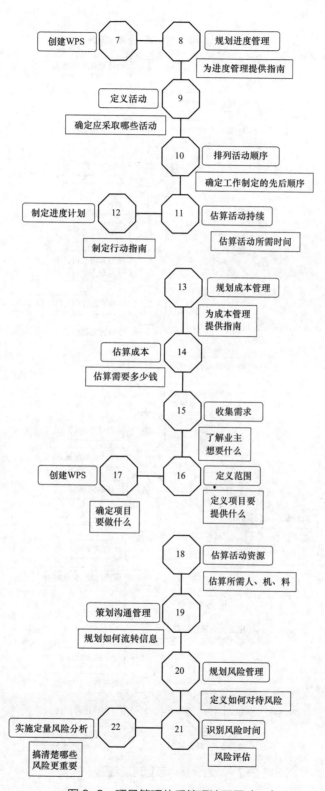

图 2-2 项目管理体系管理流程图（二）

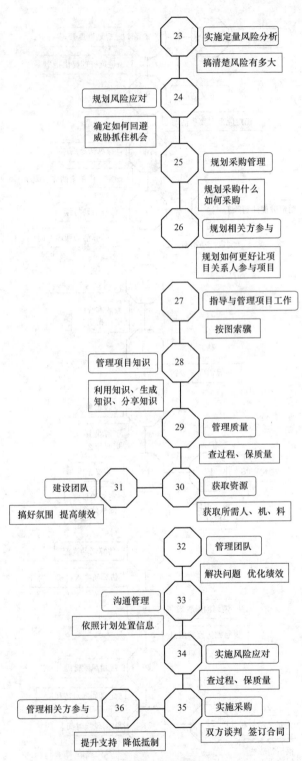

图 2-2　项目管理体系管理流程图（三）

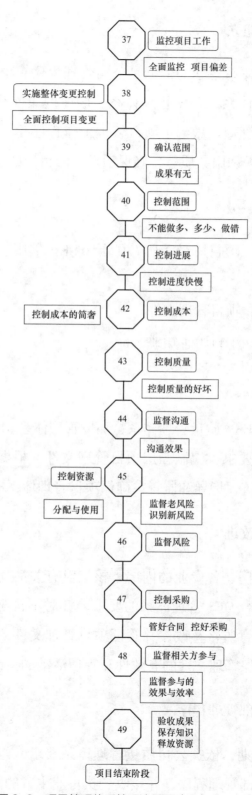

图 2-2 项目管理体系管理流程图（四）

2.2.1　体系建立

该项目管理体系建立的依据是公司管理程序、项目合同、当地法律法规建立了质量管理体系、环境管理体系、职业健康安全管理体系等管理体系。全面规范了项目管理。做到了项目管理工作程序化、规范化、科学化，提高了项目的管理水平和服务质量，确保项目合同目标的实现。

2.2.2　文件层级

第一层文件：项目质量手册 / 项目 HSSE（健康、安全、安保、环保）管理手册。

第二层文件：项目管理文件。

第三层文件：项目施工作业文件。

2.2.3　运行

根据合同、QES（质量管理体系、环境管理体系、职业安全健康管理体系）三体系管理体系要求，编制三层项目管理文件，根据文件要求，对项目 QES 管理工作进行审核、指导和监督，确保项目管理体系有效运行。

2.2.4　持续改进

通过对各部门、各专业的内部审核，对有关活动的记录、信息进行收集分析，确保其符合 QES 管理体系的要求，针对不符合项和纠正项，提出整改意见和纠正措施，监督整改，并验证项目管理文件的符合性，对不符合的文件进行升版，确保管理文件的有效性和管理活动的持续改进。

2.2.5　项目部管理程序

项目建立初期，依据公司质量管理体系要求，组织各部门编制了项目质量手册、项目内部管理程序，并接收、执行业主方的有关程序。

根据项目实际管理要求和体系不断改进的需要，发布备忘录，组织项目各部门编制、升版管理程序，项目管理程序包括工程、HSE（健康、安全、环境）物资、机械、检测、商务、人资劳工、财务、综合行政等内容。项目管理体系文件清单详见表 2-1。

表 2-1　　　　　　　　　　项目管理体系文件清单

序号	文件类型	程序名称	部门	备注
	QES 认证			
➢	BPXM-AJ-011002RevA	环境、职业健康安全绩效检测与测量控制程序	HSE 部	
➢	BPXM-GC-010301RevA	项目组织机构与部门职责	工程管理部	
	人事管理			
➢	BPXM-RS-020001RevB	中方员工休假管理办法	商务合同部人资	
➢	BPXM-RS-020002RevA	外籍员工假期管理办法	商务合同部人资	
➢	BPXM-RS-020003RevA	中方员工调配管理办法	商务合同部人资	
➢	BPXM-RS-020004RevA	外籍员工招聘管理办法	商务合同部人资	
➢	BPXM-RS-020005RevA	外籍员工档案管理办法	商务合同部人资	
➢	BPXM-RS-020006RevA	劳工诉讼管理办法	商务合同部人资	
➢	BPXM-RS-020007RevA	外籍员工离职管理办法	商务合同部人资	
➢	BPXM-RS-020101RevA	员工座谈管理办法	工程管理部	
➢	BPXM-RS-020201RevA	中方员工培训管理办法	商务合同部人资	
➢	BPXM-RS-020202RevA	外籍员工培训管理办法	商务合同部人资	
➢	BPXM-RS-020203RevA1	安全教育培训管理程序	HSE 部	
➢	BPXM-RS-020205RevA	工作签员工 FGTS 管理办法	财务资金部	
➢	BPXM-RS-020301RevA	外籍员工工时和考勤管理办法	商务合同部人资	
➢	BPXM-RS-020302RevA	中方员工考勤管理办法	商务合同部人资	
➢	BPXM-RS-020303RevA	外籍员工岗位变动管理办法	商务合同部人资	
➢	BPXM-RS-020401RevA	项目绩效考核管理办法	商务合同部人资	
	行政管理			
➢	BPXM-BG-030101RevA	护照管理办法	综合部	

续表

序号	文件类型	程序名称	部门	备注
➢	BPXM-BG-030102RevA	印章管理办法	综合部	
➢	BPXM-BG-030103RevA	重大活动接待工作管理办法	综合部	
➢	BPXM-BG-030104RevA	公文处理办法	综合部	
➢	BPXM-BG-030105RevB	日常生活用品管理程序	综合部	
➢	BPXM-BG-030106RevA	接待工作管理办法	综合部	
➢	BPXM-BG-030108RevA	会议管理办法	综合部	
➢	BPXM-BG-030201RevA	通讯电话管理程序	综合部	
➢	BPXM-BG-030202RevA	项目部网络管理办法	综合部	
➢	BPXM-GC-030301RevA1	文件和资料管理办法	工程管理部	
➢	BPXM-GC-030302RevA1	文件编码管理办法	工程管理部	
➢	BPXM-GC-030303RevB2	图纸资料管理办法	工程管理部	
➢	BPXM-GC-030305RevB	邮件管理办法	工程管理部	
➢	BPXM-GC-030307RevA	内部工程联系单管理办法	工程管理部	
➢	BPXM-GC-030308RevA	会议纪要管理办法	工程管理部	
➢	BPXM-GC-030309RevA	分包验收资料管理办法	工程管理部	
➢	BPXM-BG-030401RevB	车辆使用管理程序	综合部	
➢	BPXM-DQ-080501RevB	宣传管理办法	综合部	
➢	BPXM-RS-020008RevA	员工外出管理办法	综合部	
➢	BPXM-WY-070301RevB	办公用品管理程序	综合部	
➢	BPXM-WY-070302RevB	日常生活用品管理程序	综合部	
➢	BPXM-WY-070303RevA	职工生活区、公寓管理办法	综合部	
	工程管理			
➢	BPXM-GC-040001RevA	分包商技术、质量、进度管理程序	工程管理部	
➢	BPXM-GC-040101RevA2	翻译管理办法	工程管理部	
➢	BPXM-JH-040101RevA	起重机械防风防碰撞安全措施	机械工程公司	
➢	BPXM-GC-040102RevB	打印、复印、扫描及纸张领用管理办法	工程管理部	

续表

序号	文件类型	程序名称	部门	备注
➤	BPXM-GC-040103RevA2	施工图纸会检管理办法	工程管理部	
➤	BPXM-GC-040104RevB	施工作业文件管理办法	工程管理部	
➤	BPXM-GC-040105RevB	计量管理办法	物资部	
➤	BPXM-GC-040201RevB	体系审核管理办法	工程管理部	
➤	BPXM-JC-040202RevB1	金属检测与试验管理程序	工程管理部	
➤	BPXM-JC-040203RevB	工程质量监督管理程序	工程管理部	
➤	BPXM-GC-040205RevB	质量考核管理办法	工程管理部	
➤	BPXM-GC-040206RevA	车辆封路管理办法	工程管理部	
➤	BPXM-GC-040207RevA	施工作业不符合项管理办法	工程管理部	
➤	BPXM-GC-040208RevA	金属技术监督管理办法	工程管理部	
➤	BPXM-GC-040210RevA	质量管理四个责任体系管理程序	工程管理部	
➤	BPXM-DK-040501RevB	施工用电管理办法	电控专业	
➤	BPXM-GC-040501RevB1	成品保护和防止二次污染管理办法	工程管理部	
➤	BPXM-GC-040502RevB	施工日志管理办法	工程管理部	
➤	BPXM-GC-040503RevA	项目开工令和停工令管理办法	工程管理部	
➤	BPXM-GC-040504RevB1	工序交接管理办法 同步执行总包土建交安装管理规定	工程管理部	
➤	BPXM-GC-040506RevA	工程联系单管理办法	工程管理部	
➤	BPXM-GC-040507RevA	车辆封路管理办法	工程管理部	
➤	BPXM-HJ-040503RevB	分包商焊接管理程序	焊接公司	
➤	BPXM-HJ-040504RevA	焊工管理程序	焊接公司	
➤	BPXM-HJ-040506RevA	焊缝标识工作程序	焊接公司	
➤	BPXM-HJ-040507RevA	焊缝返修程序	焊接公司	
➤	BPXM-HJ-040509RevA	焊缝外观检验程序	焊接公司	
➤	BPXM-HJ-040510RevA	焊机及焊条筒校验程序	焊接公司	
➤	BPXM-GC-040608RevA	项目调试管理规定	工程管理部	
➤	BPXM-GC-040801RevB	进度计划编制与考核管理办法	工程管理部	

续表

序号	文件类型	程序名称	部门	备注
	HSE 管理			
➢	BPXM-SEPC-050000RevA	安全文明施工总体策划	HSE 部	
➢	BPXM-AJ-011002RevA	环境、职业健康安全绩效监测与测量控制程序	HSE 部	
➢	BPXM-AJ-050001RevA	安全生产责任制	HSE 部	
➢	BPXM-AJ-050002RevA	事故、事件、不符合控制程序	HSE 部	
➢	BPXM-AJ-050003RevA	安全会议管理程序	HSE 部	
➢	BPXM-AJ-050004RevA	安全生产四个责任体系管理程序	HSE 部	
➢	BPXM-AJ-050005RevB	安全检查管理程序	HSE 部	
➢	BPXM-AJ-050006RevA	安全生产考核奖惩管理程序	HSE 部	
➢	BPXM-AJ-050007RevA	安监（全）员管理程序	HSE 部	
➢	BPXM-AJ-050008RevA	安全设施及用品管理程序	HSE 部	
➢	BPXM-AJ-050009RevA	受限空间管理程序	HSE 部	
➢	BPXM-AJ-050010RevA	安全施工作业票管理程序	HSE 部	
➢	BPXM-AJ-050011RevA	安全事故管理程序	HSE 部	
➢	BPXM-AJ-050012RevA	反违章管理程序	HSE 部	
➢	BPXM-AJ-050013RevA	危险因素辨识、评价和控制程序	HSE 部	
➢	BPXM-AJ-050016RevA	应急管理程序	HSE 部	
➢	BPXM-AJ-050017RevA	治安保卫管理规定	HSE 部	
➢	BPXM-AJ-050020RevA	高处作业安全管理程序	HSE 部	
➢	BPXM-AJ-050022RevA	文明施工管理程序	HSE 部	
➢	BPXM-AJ-050023RevA	安全措施交底管理办法	HSE 部	
➢	BPXM-AJ-050119RevA	消防安全管理程序	HSE 部	
➢	BPXM-AJ-050120RevA	高处作业安全管理程序	HSE 部	
➢	BPXM-AJ-050121RevA	交叉作业安全管理程序	HSE 部	
➢	BPXM-AJ-050122RevA	机组试运安全管理程序	HSE 部	
➢	BPXM-AJ-050123RevA	危险化学品安全管理	HSE 部	

续表

序号	文件类型	程序名称	部门	备注
➤	BPXM-AJ-020203RevA	安全教育培训管理程序	HSE 部	
➤	BPXM-AJ-050315RevA	工伤管理程序	HSE 部	
➤	BPXM-AJ-050344RevA	职业健康卫生防疫管理程序	HSE 部	
➤	BPXM-AJ-050316RevA	有毒有害作业管理程序	HSE 部	
➤	BPXM-JC-050301RevB	放射源使用监督管理办法	工程管理部	
	物资管理			
➤	BPXM-WZ-060101RevB	材料计划和采购管理程序	物资部	
➤	BPXM-WZ-060102RevD	甲供物资管理程序	物资部	
➤	BPXM-WZ-060104RevB	小型机具及工器具管理程序	物资部	
	经营管理			
➤	BPXM-JY-060201RevA1	分包合同履约评价及关闭管理程序	商务合同部	
➤	BPXM-JY-060202RevA1	合同管理程序	商务合同部	
➤	BPXM-JY-060203RevA1	工程保险管理程序	商务合同部	
➤	BPXM-JY-060204RevA1	主合同资金收取管理程序	商务合同部	
➤	BPXM-CW-060301RevB	备用金管理办法	财务资金部	
➤	BPXM-CW-060302RevA	财务管理办法	财务资金部	
➤	BPXM-CW-060303RevB	差旅费管理办法	财务资金部	
➤	BPXM-CW-060304RevA	项目税务策划	财务资金部	
➤	BPXM-CW-060305RevA	资金支付管理办法	财务资金部	
➤	BPXM-JY-060401RevA1	合同索赔反索赔管理程序	商务合同部	
➤	BPXM-JY-060402RevA1	工程分包结算管理程序	商务合同部	
➤	BPXM-JY-060404RevA	内部经营责任考核办法	商务合同部	
➤	BPXM-JY-060403RevA1	工程分包招标管理程序	商务合同部	
➤	BPXM-JY-060405RevA1	项目成本计划管理办法	商务合同部	
➤	BPXM-JY-060601RevA1	法律法规管理程序	商务合同部	
➤	BPXM-JY-060801RevA1	商务风险管理程序	商务合同部	

序号	文件类型	程序名称	部门	备注
	资产管理			
➤	BPXM-ZC-070101RevB	起重机械防风、防碰撞安全措施	机械工程公司	
➤	BPXM-ZC-070103RevB	起重机械调度管理制度	机械工程公司	
➤	BPXM-ZC-070104RevA	机械检查管理程序	机械工程公司	

2.3　信息化管理

该项目根据合同及国别实情建立科学的组织结构，设置岗位，确定各部门、岗位职责以及其之间的有效关系、责任范围，对信息流通、员工沟通实现提供基本有效依据。健全的组织结构利于信息在部门、员工之间的上传下达以及专业交接信息的流通，增强信息的获取性，如：邮件传达的准确性，有效节省工时、避免邮件错误导致的不必要工作职责澄清。

企业的信息化对项目履约起到不可忽视的作用。信息技术的使用是顺应时代的要求，也是满足企业自身发展的需求。信息化作为控制的资源、依据和手段，该项目利用公司现有资源管控一体化平台及项目业主提供的KC资料上传审批平台来保障信息的有效流通，达到工效提升、完善内控的效果。同时通过公司一体化平台，分享获得公司其他在建国际项目施工经验及技术措施，促进该项目快速推进。

第3章 人力资源管理

3.1 企业文化及项目团队文化

企业内部管理的重要手段之一是建立良好的企业文化，并通过各种方式方法加强企业文化的建设和宣贯，使企业文化根植于每位职工心中。良好的企业文化是企业良性发展、不断前进、走向成功的基础和根本。

企业愿景是成为管理技术型、质量效益型国际知名工程公司。并具体分解为企业精神、核心价值观、人才理念、管理理念、经营理念、社会责任理念、安全理念、质量理念、市场理念、服务理念等具体内容。

首先在公司领导层的带动下，积极进行全覆盖宣传，形成不断奋进的企业文化，让企业各个岗位的员工融入企业环境。其次公司建立了符合国家规范的组织机构，作为程序执行和文化体现的载体，促使责任分工科学有序、有效、有迹，决策层、管理层、执行层行为相互制约、相互促进，尽可能规避可能发生的风险。第三，加强团队建设即人才培养。综合业务能力强、个人职业素质高、团队凝聚力强才能保证企业的稳定。文化体系见图3-1。

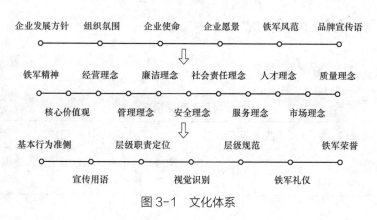

图3-1　文化体系

"走出去"是公司国际业务快速发展，需要及时调整党建工作战略，加强组织力量，充分发挥企业文化的指引作用。企业将生产经营延伸至海外，企业文化及党员先锋作用也延伸至海外。

与国内项目相比，海外党建工作难度较大。项目部党工委作为海外党建工作的主要载体，根据国别环境、属地政策、人文环境，优化配置资源，实行一岗双责。基层党组织在工作生活中关心关爱党员的组织生活，保证学习教育全覆盖，按时完成每月学习计划。

结合南美实际情况，工作安全、到位、灵活，确保符合属地化环境，未与当地政治文化相冲突，尊重所在地风俗。与所属国企业保持长期、有效沟通合作，扩大影响。积极参与所在国使领馆活动，积极响应相关工作。在互联网时代，与总部保持网上互动，如党建＋互联网，参加视频学习，微信小课堂等充分发挥科技力量，打造特色党建，提升企业文化属性，提升工作效率。

为实现企业国际化，项目员工同样选择"走出来"，远离祖国，远离家乡，漂洋过海，孤身在外的寂寞、无力很难挥去。该项目提倡和建立"和谐、向上、协作""军队、学校、家庭"文化氛围。其中一项重要工作是人文关怀，促使员工在工作中有荣誉感，业余生活有滋味，缓解心理压力，消除思乡之情。海外工作对员工是成长、是历练，也是公司培养的优势资源重要手段。

3.2 项目部人力资源配置方案

3.2.1 公司员工配置情况

公司员工配置情况见表3-1。

表3-1　　　　　　　　　　　公司员工配置情况

序号	部门及岗位	计划人数	实际人数	备注
1	项目经理室	5	5	项目经理1人、项目书记1人、项目总工兼副经理1人、副经理2人

续表

序号	部门及岗位	计划人数	实际人数	备注
2	综合管理部	12	15	主管1人、行政及党群1人、综合管理1人、医疗1人、后勤1人，厨师高峰期10人
3	HSE部	4	3	主管1人、安监员2人
4	工程管理部	18	15	工程主管3人、检测主管1人、管理2人、计划2人、质保1人、检测2人、翻译4人
5	财务资金部	2	2	主管1人、出纳1人
6	物资管理部	2	2	主管1人、计划1人
7	商务合同部	6	5	主管1人、造价3人、人资1人
8	热机工程公司	66	68	主任/副主任4人、专工2人、技术员9人、安全员1人、质检员1人、施工人员51人
9	电控工程公司	32	66	主任/副主任2人、专工1人、技术员6人、安全员1人、质检员1人、施工人员51人
10	建筑工程公司	8	11	主任1人、副主任1人、专工1人、技术员6人、安全员1人、施工员1人
11	机械工程公司	12	8	主任1人、技术员2人、安全员1人、操作人员4人
12	焊接工程公司	60	63	主任2人、专工1人、技术员3人、安全员1人、质检员1人、施工人员55人

3.2.2　外籍员工配置情况

根据属地法律要求及公司本土化战略发展的需要，在属地招聘部分员工，人员具体见表3-2。

表3-2　　　　　　　　　属地招聘员工名单

序号	部门及岗位	定员人数	备注
1	综合管理部	4	行政1人、司机3人
2	HSE部	18	安全工程师1人、环境技师2人、安全技师15人
3	工程管理部	8	翻译7人、资料员1人

续表

序号	部门及岗位	定员人数	备注
4	物资管理部	2	仓库管理2人
5	商务合同部	3	人事经理1人、人事助理2人
6	专业工程公司	8	机械技师3人、机械工程师2人、电气工程师1人、焊接技师1人、机械吊装技师1人
7	后勤	27	帮厨13人、保洁14人
8	财务资金部	1	会计师1人
	合计	71	

3.3 人才培养及队伍建设

基于公司"优先国际"战略，在干好工程、服务好业主的同时，做好人才培养及队伍建设更是重中之重。

其中培养青年是为其中重点。公司从以下三个方面着手：

一是爱国主义教育，相应公司号召每天"学习强国"，与美洲项目属地国家我国使馆保持有效沟通，紧跟党的步伐，根据公司党委工作部制定的政治学习计划定期组织集体学习，保证覆盖率，培养广大员工爱国、爱党信念，引导员工积极向上。

二是两个"安全"意识，努力打造高素质海外项目领导集体。一个是强化职工人身安全防范意识，南美国家治安始终存在隐患，该公司秉承"以人为本"的理念，员工的人身安全要放在首位；另一个是努力提高领导班子的工程管理、经营管理、市场应变、开拓创新、风险防范的能力。

三是实战出成效。进场就是运动员，实战是最好的培养，公司执行项目之初即搭配老中青成员架构，"老工人"传帮带，"青年人"有激情，大家一起扛担子，在实战中为学习成长，为公司又好又快高质量发展储备力量。

对于中方员工，为使其更好地适应属地国情，该项目人员进驻现场以来积极创造条件，鼓励和带领广大员工一块学习当地的法律法规、常用语言，了解当地特有的人文、风俗和习惯，让大家快速地适应、融入当地的社会。施工注重"干中学、学中干"，以达到培养更多的"国际项目管理人才"的目的。项目培训累计达13122人小时。项目编制专业工作标准"双语"小卡片，为现场施工提供指导。

为了执行公司国际化发展战略，对于属地员工，项目部通过入场系列培训、专业标准培训等方式使其充分了解公司的企业文化、管理理念和工作标准，更好适应公司的现场管理和专业施工标准，成为项目本土化管理的有生力量。

为更好地推进项目，调动员工的积极性，宣传正能量，按照海外"国际业务先进典型选树宣传"活动要求，动员职工向质量技术能手、顶尖工匠学习，开展"质量之星""技术之星"评选活动，获得奖励的共计64人次，有力推动了项目的施工。在业内"质量月"活动开展期间，涌现出优秀专业团队1个，优秀个人6名。2018年项目获评"先进集体"，先进个人8名，优秀劳务派遣工2名。

3.4　签证策划与管理

项目执行首先需要人员到位。在不同国度工种的类型、工作范围均有不同，且须调查该国特殊工种的数量和注册要求。为顺利推进项目就要根据该国劳工法、移民法提前策划，并及时办理有效签证，保证人员能够及时到场。

3.4.1　签证分类

根据2017年11月该国度新移民法，签证分为以下四类：

（1）RN02工作签，有效期2年，期间可多次入境。

（2）RN03访问类签证，可根据实际需要申请签证有效期（90/180/365天），最长不可超过1年，期间可多次入境。

（3）RN04 技术签，有效期 1 年，期间可多次入境。

（4）商务签，有效期 90 天，可延长 90 天；90 天内可多次入境，延期 90 天内回国当年不可再入境；该类型签证 5 年有效，每年最长可在境内停留 180 天（90+90），次年入境时间为上一次入境后 365 天，例如首次入境为 2018 年 4 月 1 日，次年入境时间为 2019 年 4 月 1 日。

3.4.2　签证办理资料清单

（1）出国人员信息表。

（2）海外员工联系卡。

（3）电子版彩色白底小二寸照片（签证照片一律为近期白底彩色小二寸免冠电子版相片。男士着白色衬衫系深色领带，并外着深色西服；女士着深色正装。要求面部、发型修饰整洁。务必为原版相片，不能戴眼镜、不能露牙齿，不能为 PS 或扫描相片）。

（4）户口本扫描件（登记页、索引页、户主单页、本人单页，四项资料缺一不可）。

（5）身份证正反面在同一页的扫描件。

（6）毕业证原件（必须高中及以上毕业）。

（7）出生证明。

1）办理出生证明具体情况说明。

有独生子女证或出生医学证明原件直接上交，不需开具出生证明；

公司代理职工（人事档案在公司保存）可以到人事部开具出生证明；

劳务、外协人员需要个人去村委或者居委会开具。

2）办理出生证明公证需要资料。

正常需要提供：个人的出生证明、父母双方身份证和户口本首页、个人页、索引页复印件、父母结婚证原件（复印件也行）。

父母离异的需要提供：个人的出生证明、判决书/调解书（内容体现双方结婚日期的）、父母双方身份证和户口本复印件。

父母有过世情况：已故方提供销户证明、个人的出生证明、另一方的身份证和户口本复印件。

（8）护照原件（没有抓紧办理因私护照）。

（9）无犯罪记录证明（此证明有效期 90 天，不要与资料同时交，按国内组要求提交）。

（10）体检报告（血常规，肝功、肾功、血糖、血脂、乙肝五项、尿常规、心电图、腹部 B 超、胸透）。

（11）办理签证流程时间。

1）出生证明和毕业证上交后，需要 3 个工作日完成公证，20 个工作日完成双认证。

2）将公证书扫描给现场人员申请批文，大约 30 天左右（近期由于修改签证政策，批文获批比较慢，已经超过 30 天）。

3）批文获批后，回国贴签时间 7 ~ 15 个工作日。

签证获批时间预计：65 ~ 70 天。

3.4.3　注意事项

（1）对于工作经验不满足要求的人员，有两种方法可选：一是提供次一级学历证书，如实际本科毕业可提供高中毕业证，以满足经验要求；二是编制实习经验。

（2）申请技术签时，需向劳工部提供一份技术协议，该协议为邀请方（所属国公司）邀请受邀方（中国公司）的员工赴项目进行技术指导。因此在申请技术签证时，劳工部有时要求提供协议双方公司属于同一经济集团的证明，此证明较难出具，综合部一般采用办理经验声明双认证的方式，该经验声明需由中方公司法人签字。办理公证及双认证约 30 天左右。

（3）关于境内换签。持 RN03、RN04、RN02 签证赴项目的人员换签基本无限制，持商签赴项目的人员只可申请工作签。申请 RN04 及 RN02 费用为 1600（当地货币）代理服务费及 208.94（当地货币）税费，申请 RN03 费用为

1000（当地货币）代理服务费及 208.94（当地货币）税费。

（4）境内换签直接办理联邦警局注册，因此护照上无签证页，办理完警局注册后，警局发放临时身份证（小白条），携小白条可顺利离境，但在中国无法办理登机，需到使馆贴签证页，所需资料为小白条、联合公报（DOU）、情况说明函、已递交劳工部的资料。

（5）第三国换签。员工持因私护照办理紧急技术签或商签入境后，启动因公护照工作签/技术签申请工作。贴签完毕后，员工持因私临近过期签证离境，持因公新签证进入第三国而后离境，入境项目所在国。因此办法因公护照无中国出入境记录，项目所在国海关有较高概率要求遣送回国。

（6）工作签仍有人员配比要求，每办理一名工作签人员，公司需招聘三名属地员工。

（7）商务签人员入境项目所在国需订 7 天往返机票，以备海关检查，并准备邀请函。入关时需仪表整洁，举止端正。

3.4.4　证照管理

国外项目或驻外机构人员的证照应由所在项目部或驻外机构负责统一管理，出国（境）人员到达目的地后 3 日内应上交有效证照。项目部或驻外机构建立证照登记制度，并对证照有效期进行监管，确保在外人员的证照和签证在有效期内。对于临近签证期限人员应及时安排离境，项目部或驻外机构应对证照进行扫描存档，并定期更新，以备证照丢失后补办。

3.4.5　涉外应急管理

公司、各驻外机构或项目部制定了涉外突发事件应急预案，确保在紧急情况下及时采取有效措施，最大限度预防和减少因突发事件造成的损失，切实维护公司和人员生命财产安全及合法权益。

应急预案中明确规定组织指挥体系和职责、分级响应、处置程序、应急保障以及应急预案的动态管理等内容。

各驻外机构或项目部积极参与由我国驻在国使领馆牵头、各驻外机构相互配合的应急协调处理机制，服从指挥，积极配合，发挥应有的作用。

3.4.6　保密管理

在对外交往中须严格保守国家秘密和企业商业秘密。健全保密制度，规范重要涉密人员的对外交流活动。

加强对企业内部外籍人员、已取得其他国家和地区永久居留权人员的管理，坚持内外有别。内部文件、规定和要求以及敏感信息须按规定严格限制接触范围。

出国（境）人员须严格遵守保密规定。不得携带党和国家秘密级及以上密级文件出访，不得携带涉密文件、资料及重大科研项目情况以及记录有涉密内容的便携式电脑或移动存储介质出国（境）。如确因工作需要必须携带，须按规定报批，注意通信保密，防止失密或泄密。

第4章 范围管理

范围管理指为了完成项目规定的特性或功能而必须进行的工作，而项目范围的完成与否是用计划来度量的。二者必须很好地结合，才能确保项目的工作符合事先确定的计划。

4.1 范围管理的过程

（1）启动过程：启动是一种认可过程，用来正式认可一个新项目的存在，或认可一个当前项目的新的阶段。其主要输出是项目任务书。

（2）范围规划过程：范围规划是生成书面的有关范围文件的过程。其主要输出是范围说明、项目产品和交付件定义。

（3）范围定义执行过程：范围定义是将主要的项目可交付部分分成更小的、更易于管理的活动。其主要输出是工作任务分解（WBS）。

（4）监控过程：范围审核是投资者、赞助人、用户、客户等正式接收项目范围的一种过程。审核工作产品和结果，进行验收。

（5）变更控制收尾过程：控制项目范围的变化。范围变更控制必须与其他控制（如时间、成本、质量）综合起来。

4.2 合同范围

（1）全厂机务、管道、电气、仪控系统的安装、单体调试，以及热态调试、功能性试验、初始化运行、可靠性试验和性能试验工作的配合。

（2）工作范围内的构筑物钢结构安装。

（3）烟囱钢内筒、钢平台、爬梯、栏杆、混凝土平台的压型钢板底模安装等。

第 5 章　进度管控

5.1　进度管理

5.1.1　计划管理

该项目根据业主要求及工程特点，建立了一套完备的进度计划管理体系，该体系主要包括分层管理和进度控制两个方面。

建立计划管理组织机构，将分包商的计划工程师纳入组织机构中，各负其责，分层开展计划管理工作。

以计划为龙头开展各项工作，注重计划的科学性和合理性，将人、机、料、法、环等因素纳入计划中，详细梳理开工条件、各项制约因素，做到提前发现问题、及时解决问题。

建立计划跟踪落实会议制度，按日跟踪落实计划执行情况，确保周计划、月计划、整体计划的完成率。并根据计划完成情况每月对各专业进行考评与奖金发放挂钩，从而保障各项里程碑按期完成，实现进度控制。

运用公司 PRP 一体化管理系统，按照八个计划管理要求，编制进度计划、人力计划、机械计划、图纸计划、设备计划、资金计划、成本计划、收入计划。其中，进度计划是项目其他计划的统领；人力计划、机械计划、图纸计划、设备计划、资金计划是为了保证进度计划顺利实施而编制的资源配置计划；成本计划、收入计划是为实现项目效益的经营计划。

做好里程碑变更资料的收集工作，及时在一体化平台发起里程碑变更申请，做到总体施工计划动态调整。并以施工计划为依托，做好八个计划的联动调整工作。

5.1.2　关键路径分析

（1）项目里程碑完成情况及偏差见表 5-1。

表 5-1　　　　　　　　　　　项目里程碑完成情况及偏差

序号	里程碑名称	合同日期（年 / 月 / 日）	实际完成日期（年 / 月 / 日）	与合同日期偏差（天）
1	汽包就位	2017/4/5	2017/4/22	17
2	锅炉钢结构到顶	2017/4/20	2017/5/30	40
3	汽机房钢结构到顶	2017/4/30	2017/6/15	46
4	锅炉水压试验	2017/12/10	2018/5/7	148
5	汽轮机扣缸完成	2018/2/10	2018/4/19	68
6	倒送厂用电完成	2018/3/1	2018/10/6	219
7	锅炉补给水系统出合格化水	2018/4/20	2018/8/4	106
8	烘炉开始	2018/4/21	2018/11/16	209
9	输煤系统调试达到投用条件	2018/6/10	2019/2/23	258
10	汽轮机油循环完成	2018/5/31	2019/1/9	228
11	锅炉酸洗完成	2018/5/31	2018/12/9	192
12	点火吹管完成	2018/6/10	2019/3/3	192
13	机组总启动	2018/6/30	2019/5/18	347

（2）关键路径滞后原因分析。

1）锅炉主线。

锅炉汽包就位，主要受 MB2 大板梁到货滞后影响，导致后续施工紧张，汽包就位较合同滞后 17 天；因汽包工期延误，导致后续人员、机械资源紧张，锅炉钢结构到顶较合同滞后 40 天；受锅炉钢结构到顶滞后、前期受热面设备缺陷多、设备工器具到货滞后、炉内管屏变形校正、大小头更换（厂家材质问题共 194 个）工作量较大等因素影响，锅炉水压试验较合同滞后 148 天；受锅炉水压滞后、前期土建交安滞后、环境安全文件释放晚、受宜钢队伍浇注料施工滞后及调试进度制约，锅炉点火烘炉较合同滞后 209 天、锅炉酸洗滞后 192 天、点火吹管完成滞后 192 天。

2）汽轮机主线。

因汽机房钢结构图纸变更较多、钢结构钻孔和连接板焊接的工作大大增加，直接导致了汽机房钢结构到顶较合同工期滞后 46 天；汽轮机房钢结构施工滞后，导致汽轮机房封闭滞后、汽轮机本体施工滞后，汽轮机扣缸较合同滞后 68 天；受汽轮机扣缸滞后、未配置大流量滤油机、前期受储油箱被业主拒收、保安段受电延迟、白天业主不予设备送电等影响，汽轮机油循环于 2018 年 11 月 9 日开始、于 2019 年 1 月 9 日完成，较合同滞后 228 天。

3）外围工作。

主要受土建基础交安（工序交接、开始安装）滞后、设备材料到货滞后、雷雨天气频发、劳工罢工及 2018 年 6 月劳工部检查停工等不利因素影响，导致输煤钢结构安装滞后、设备安装滞后，输煤系统投用滞后 258 天；综合管架施工滞后、综合管道上电缆桥架管道施工滞后、电缆敷设滞后且集中开展；脱硫工艺楼钢结构施工滞后、设备管道安装滞后；脱硫吸收塔到顶滞后、喷砂防腐滞后，脱硫总体工期较合同滞后约 170 天。

5.1.3 施工计划管理经验反馈

（1）施工计划的编制。

首先要根据合同规定的各项里程碑节点要求，制定切合实际的总体施工进度计划，从总体进度计划中梳理出项目的关键路径，以此为目标制定相应的人员进场计划、机械进退场计划、材料设备到货计划、各项施工方案等作业文件的编制计划、各作业面具备开工条件的场地需求计划（即人、机、料、法、环配套计划）。

项目要紧紧围绕既定的总体进度计划开展各项管理、施工工作，要抓住关键路径，竭全力确保关键路径各项工作顺利开展、按期完成；同时也要关注非关键路径上的外围施工任务，做到均衡施工，避免非关键路径转化为关键路径。

项目总体施工进度计划，是符合合同里程碑节点要求、明确专业间工序交接点时间安排、指导人机料法环各项配套资源到位时间，计划中作业项目罗列较为粗略，但目标明确，能够体现出项目总体施工逻辑、工期目标。

为能够进一步指导现场施工，必须在总体进度计划框架下，对总体计划进一步细化分解，要依据总体计划每月滚动编制"三个月滚动计划"及详细的当月施工计划；依据月度施工计划每周滚动编制周施工计划；在工程进展到一定程度、工作面大量集中开展时，还要依据每周施工计划编制日计划，来进一步指导管理现场施工工作有序开展。

（2）施工计划的执行与控制。

严格执行既定下发的各项进度计划，按照"思路清晰、秩序井然、过程受控"的原则，合理组织施工，科学处理好、妥善解决好三大主要矛盾：

一是处理、解决好施工进度与资源配置的矛盾，力求均衡施工；

二是处理、解决好施工进度与安全、质量管理的关系，力求安全、优质、高效履约；

三是处理、解决好施工过程中各专业施工交叉问题，力求有序施工、齐头并进。在进行进度控制时，通过对每周、每月计划执行情况的跟踪落实、分析梳理，对未完工作进行原因分析、预测对后续施工的影响，并提出赶工措施及时纠偏。

明确计划管理思路、建立了计划管理程序，对已编制下发的月度计划要执行到位，将计划层层分解下达至班组，让现场的施工人员了解项目制定的施工计划、明白项目的施工目标，并严格按照制定的计划组织现场施工生产，真正起到指导现场施工的作用。

在工程进展到高峰阶段、执行艰难时期，还要采取一些特殊的管理手段。如：

1）建立日会制度，对关键路径项目或其他重点项目进行每日跟踪落实进展。每日跟踪计划执行情况、分析滞后原因、提出赶工措施。对施工过程中面临的各种问题进行协调解决，并每天形成会议纪要、行动项，进一步加强计划的执行力。

2）建立月度计划日反馈制度，做好月度计划的跟踪落实工作，根据现场实际施工情况详细填写每项施工任务当日开展情况，过程中出现的问题要及时写明暴露，以便于及时解决，为现场施工创造条件、扫平障碍，同时也能够留下施工过程中第一手资料，为日后的工程总结、工程索赔等留下可追溯材料。

3）建立负面清单台账，针对关键路径项目或其他重点项目梳理分析编制负面清单台账，列明项目执行过程中受制约的人、机、料、法、环情况，并注明需求解决时间，强化计划执行过程中配套资源及时到位，同时也可为应对项目工期风险积累资料。

4）成立专项工作小组。明确职责分工，注重施工计划的落实、执行，以团队的力量形成合力，保质保量完成各节点施工任务。烟囱钢内筒焊接施工便是其中之一：烟囱为套筒式结构，高度195m；内筒筒体采用钛钢复合板。烟囱作为项目关键路径之一，由于烟囱前期外筒施工缓慢，若工期推迟将带来巨大损失。焊接专业和建筑专业共同对关键点进行剖析并对症下药，创造条件将资源配置最大化，投入8名焊工；同时改进焊接工艺：采用氩弧焊打底，二保焊填充盖面，背面无需清根的方法，使每节钢内筒焊接平均在7小时完成，比传统方法缩短近4小时，极大地提高了焊接施工效率，使烟囱钢内筒在2018年10月19日到顶，满足了项目工期的总体要求。

5.2 设计管理

5.2.1 设计单位及标准

该项目勘察合同由当地勘察分包商完成；初步设计及土建详细设计由当地设计分包商完成，设计分包商在负责设计的同时提供技术咨询服务；建筑专业中安装部分由国内设计院设计；工艺安装部分由国内设计院完成。

设计标准为：

（1）设计采用以美标及国际标准为主；

（2）安全、环保、消防和电网等符合属地标准。

业主工程师对国际标准的理解更深入全面，在审查设计方案时对于设计细节关注较多，造成设计变更较多。该工程执行的有关规范标准清单见表5-2。

表 5-2　　　　　　　　　　　　　合同规范标准清单

CODES AND STANDARDS LIST 规范和标准清单		
1	American Society Of Mechanical Engineers（ASME） 美国机械工程师协会（ASME）（摘要）	
		Boiler and Pressure Vessel Code, Section I– Power Boilers 锅炉及压力容器规范第一卷：动力锅炉
		Boiler and Pressure Vessel Code, Section I– Power Boilers 锅炉及压力容器规范第一卷：动力锅炉
		Boiler and Pressure Vessel Code, Section VIII–Unfired Pressure Vessels 锅炉及压力容器规范第八卷：未燃烧压力容器
		Boiler and Pressure Vessel Code, Section IX–Welders Qualification 锅炉及压力容器规范第九卷：焊工评定
	PTC 4–2008	Fired steam generators–Performance test codes 燃烧式蒸汽发生器—性能试验规程
	PTC 4.3 – 1968	Air Heaters：Air heaters performance 空气预热器：空气加热器性能
	PTC 6	Steam Turbine performance 汽轮机性能
	PTC6s	Turbine instrumentation for performance control 汽轮机性能控制用仪表
	PTC 8.2	Centrifugal Pumps：Pump performance 离心泵：离心泵性能
	PTC 12.1	Closed Feedwater Heaters 密封供水加热器
	PTC 12.2	Condenser performance 冷凝器性能

		CODES AND STANDARDS LIST 规范和标准清单
	PTC 19.1	Test uncertainty 试验不确定性
	PTC 19.2	Pressure measurement 压力测量
	PTC 19.3	Temperature measurement 温度测量
	PTC 19.5	Flow measurement 流量测量
	PTC 19.10	Flue and exhaust gas analyses 烟气和废气分析
	PTC 21	Particulate matter collection equipment 颗粒物收集设备
	PTC 38	Determination of particulate matter in a gas stream 气流中颗粒物确定
2	American National Institute（ANSI） 美国国家标准协会（ANSI）	
	B2.1	Pipe Threads 管螺纹
	B16.1C.I	Pipe Flanges & Flanged Fittings，25，125，250 and 800 lb. 管法兰＆法兰管件，25，125，250 和 800 lb
	B16.5	Steel Pipe Flanges, Flanged Valves and Fittings（including ratings for Class 150，300，600，900，1500 and 2500）. 钢管法兰，法兰阀和管件（包括等级 150，300，600，900，1500 和 2500）
	B16.9	Wrought Steel – Butt – Welding Fittings 锻钢对焊管件
	B16.11	Forged Steel Fittings，Socket Welding and Threading 承插焊和螺纹锻钢管件
	B16.21	Nonmetallic Gaskets for Pipe Flanges 管法兰用非金属平垫圈
	B 16.25	Butt welding ends in steel pipes and fittings 钢管和管件对焊端口
	B16.34	Steel Butt – Welding End Valves 钢制对焊端阀

CODES AND STANDARDS LIST 规范和标准清单		
	B31.1	Power Piping 动力管道
	B36.10	Wrought–Steel and Wrought–Iron Pipe 铸铁管
	B36.19	Stainless Steel Pipe 不锈钢管
3	Standards Of The American Society For Testing And Materials（ASTM） 美国材料与试验协会（ASTM）	
	ASTM C 11096	Limestone reactivity 石灰石活性
	ASTM C25	Standard test method for chemical analysis of limestone，quicklimeand hydrated lime 石灰石、生石灰及熟石灰的化学分析方法
	ASTM D346	Standard practice for collection and preparation of coke samples for laboratory analysis 实验室分析用焦炭试样的收集和制备
	ASTM D482	Standard test method for ash from petroleum products 石油产品灰分试验方法
	ASTM D2013	Standard practice of preparing coal samples for analysis 分析用煤样品制备规程
	ASTM D 2234	Standard practice for collection of gross sample of coal 煤炭总样收集规程
	ASTM D 2492–90	Standard test method for form of sulfur in coal 煤中形态硫标准试验方法
	ASTM D 3174	Standard test method for ash in the analysis sample of coal and coke from coal 煤分析样品和来自煤的焦炭中灰分的试验方法
	ASTM D 3176	standard practice for ultimate analysis of coal and coke 煤和焦炭的元素分析方法
	ASTM D 3177	Standard test method for total sulfur in the analysis sample of coal and coke 煤和焦炭分析样品中总硫量的试验方法
	ASTM D 3180–89	Standard practice for calculating coal and coke analyses from as–determined to different bases 从所测得的各种数据计算煤和焦炭分析结果的方法

CODES AND STANDARDS LIST		
规范和标准清单		
	ASTM D 3302	Standard test method for total moisture in the coal 煤炭总水分试验方法
	ASTM D 3588	Standard practice for calculating heat value, compressibility factor and relative density of gaseous fuels 气体燃料热值、压缩系数及比重（相对密度）的计算方法
	ASTM D 4326	Standard test method for major and minor elements in coal and coke ash by x-ray fluorescence X 荧光法测定煤和焦炭灰中主要和次要元素的试验方法
	ASTM D 5142	Standard test methods for proximate analysis of the analysis sample of coal and coke by instrumental procedures 使用仪器测量法进行煤和焦炭分析样品近似值分析的标准试验方法
	ASTM D 5287	Standard test methods for instrumental determination of carbon, hydrogen and nitrogen in laboratory samples of coal and coke 用仪器测定煤和焦实验室样品中碳、氢和氮的试验方法
	ASTM D 5865	Standard test method for gross calorific value of coal and coke 煤和焦炭总热值测定标准方法
	ASTM E112	Standard test methods for determining average grain size 测定平均粒径的试验方法
	ASTM D2013	Standard practice for preparing coal samples for analysis 分析用煤样品制备的标准实施规程
	ASTM D4239	Standard test methods for sulfur in the analysis sample of coal and coke using high-temperature tube furnace combustion methods 用高温管式炉燃烧法测定煤和焦炭分析样品中硫含量的试验方法
	ASTM D5373	Standard test methods for instrumental determination of carbon, hydrogen, and nitrogen in laboratory samples of coal 用仪器测定煤和焦实验室样品中碳、氢和氮的试验方法
	ASTM D5865	Standard test method for gross calorific value of coal and coke 煤和焦炭总热值测定标准方法
	ASTM D7582	Standard test methods for proximate analysis of coal and coke by macro thermogravimetric analysis 用宏观热重分析法对煤和焦作近似分析的试验方法
	ASTM E30	Methods used to determine the chemical properties of the generator rotor forging 确定发电机转子锻造化学性能所采用的方法

续表

	CODES AND STANDARDS LIST 规范和标准清单	
ASTM E220	Test method for calibration of thermocouples by comparison techniques 用比较技术校正热电偶的标准试验方法	
ASTM E563	Practice for preparation and use of an ice-point bath as a reference temperature 作为参考温度的冰点浴的制备和使用的标准规程	
ASTM E1129/E1129M	Specification for thermocouple connectors 热电偶接头规格	
ASTM D1071	Test methods for volumetric measurement of gaseous fuel samples 气体燃料试样的体积测定试验方法	
ASTM D3631	Test methods for measuring surface atmospheric pressure 测量表面大气压力的试验方法	
A275/A275M-98	Standard Test Method for Magnetic Particle Examination of Steel Forgings 钢锻件的磁粉检查试验方法	
A276-00a	Standard Specification for Stainless Steel Bars and Shapes 不锈钢棒材和型材标准规范	
A314-97	Standard Specification for Stainless Steel Billets and Bars for Forging 锻造用不锈钢钢坯和棒材标准规范	
A370-97a	Standard Test Methods and Definitions for Mechanical Testing of Steel Products 钢材产品机械性能相关定义及试验方法	
A418-99	Standard Test Method for Ultrasonic Examination of Turbine and Generator Steel Forgings 涡轮机及发电机钢转子锻件的超声波检查方法	
A470-01	Standard Specification for Vacuum-Treated Carbon and Alloy Steel Forgings for Turbine Rotors and Shafts 涡轮机转子和轴用经真空处理的碳素钢和合金锻件	
A472-98	Standard Test Method for Heat Stability of Steam Turbine Rotor Shaft sand Rotor Forgings 蒸汽涡轮机轴及转子锻件的热稳定性的试验方法	
A473-01	Standard Specification for Stainless Steel Forgings 不锈钢钢锻件标准规范	
A484/484M-00	Standard Specification for General Requirements for Stainless Steel Bars, Billets, and Forgings 不锈钢棒材、钢坯及锻件通用要求标准规范	

		CODES AND STANDARDS LIST 规范和标准清单
	A565-97	Standard Specification for Martensitic Stainless Steel Bars, Forgingand Forging Stock for High Temperature Service 高温用马氏体不锈钢棒，锻件和锻制坯标准规范
	A582/A582M-95b（2000）	Standard Specification for Free-Machining Stainless Steel Bars 高速切削不锈钢棒标准规范
	A751-96	Standard Test Methods, Practices, and Terminology for Chemical Analysis of Steel Products 钢制品化学分析方法、实验操作和术语
	A768-95	Standard Specification for Vacuum-Treated 12% Chromium AllowSteel Forging for Turbine Rotors and Shafts 涡轮机转子及轴用经真空处理的含铬 12% 的合金钢锻件
	ASTM C25-11	Total carbonate in limestone 石灰岩中总碳酸盐含量
	E353-93（200）e1	Standard Test Method for Chemical Analysis of Stainless, Heat Resisting, Maraging, and Other Similar Chromium-Nickel-Iron Alloys 不锈钢、耐热钢、马氏体钢及其他 Cr-Ni-Fe 合金化学成分分析方法
	E381-01	Standard Method of Microetch Testing Steel Bars, Billets, Blooms and Forgings 棒材、坯段、大方坯和锻件的宏观浸蚀实验标准
4	American Water Works Association（AWWA） 美国自来水厂协会（AWWA）	
5	Specification for Welded Pipe, Fittings and Valves 焊接管道、焊接管件和焊接阀门规范	
	C207-55	Steel Pipe Flanges 钢制法兰
	C500-71	Gate Valves 3 "through 48" for Water and other liquids 水和其他液体用 3 英寸到 48 英寸用闸阀
	C504-64	Standard for installation of Cast-Iron Water Mains 铸铁自来水管安装标准
6	American Petroleum Institute（API） 美国石油组织（API）	
	API 650	Welded Steel Tanks for Oil Storage 钢制焊接石油储罐

CODES AND STANDARDS LIST 规范和标准清单		
7	American Welding Society（AWS） 美国焊接协会（AWS）	
8	American Society of Heating，Refrigerating And Air Conditioning Engineers（ASHRAE）. Heating，Ventilating and Air Conditioning Guide 美国采暖、制冷与空调工程师协会（ASHRAE），暖通空调指南	
9	Anti – Friction Bearing Manufacturers Association（AFBMA） 抗摩轴承制造商协会	
10	Heat Exchange Institute Standards（HEI） 美国换热器协会（HEI）标准	
11	Hydraulic Institute Standards（HI） 水利资源协会（HI）标准	
12	Standard Practices of the Manufacturers Standardization Society of the Valve and Fittings Industry（MSS） 阀及配件制造者标准协会（MSS）标准管理	
	MSSSP – 25	Parking system of valves and joints 阀门、管件、法兰和管接头的标准标记方法
	MSS–SP–58	Design and manufacture of hangers and supports 管道吊架和支架设计和制造
	MSSSP – 61	Hydrostatic test for carbon steel valves 碳钢阀门压力试验
	MSSSP – 67	Butterfly valves 蝶阀
	MSSSP – GG	But welded valves pressure–temperature range 对接焊阀门压力—温度范围
	MSS–SP–89	Design and manufacture of hangers and supports 管道吊架和支架设计和制造
13	Standards of Tubular Exchanger Manufacturers Association（TEMA） 美国换热器制造商协会（TEMA）标准	
14	National Fire Protection Association Standards（NFPA） 美国国家防火协会（NFPA）标准	
15	Pipe Fabrication Institute（PFI） 美国管道制造商协会（PFI）	
	PFI–ES–24	Bends 弯管

	CODES AND STANDARDS LIST 规范和标准清单	
	PFI-ES-20	UT examination in all bends DN 65 mm and larger DN 65 mm 以上所有弯管超声探伤
16	Sheet Metal and Air – Conditioning Constructors Associations（SMACNA） 金属板材、空调承包商国家协会（SMACNA）	
17	Steel Structure Painting Council（SSPC） 美国钢结构油漆协会（SSPC）	
18	Compressed Gas Association（GGS） 压缩气体协会（GGS）	
19	Air Moving and Conditioning Association（AMCA） 美国通风与空调协会	
20	Deutsche IndustrieNormen（DIN） 德国工业标准（DIN）	
21	ISO International Organization for Standarization 国际标准化组织（ISO）	
	ISO 11342 class G1ISO 11342，G1 级	Residual unbalance of HP/IP and LP rotor 高压 / 中压和低压转子残余不平衡
	ISO 10816-2	Evaluation of machine vibration by measurements on non-rotating parts 通过在非旋转部件上的测量来评定机械振动
	ISO 7919-1	Vibration level measurement on rotating parts（general guideline） 通过在旋转部件上的测量来评定机械振动（一般指南）
	ISO 7919-2	Vibration level measurement on rotating parts（turbo-generators） 通过在旋转部件上的测量来评定机械振动（涡轮发电机）
	ISO 4386	Chemical analysis of the bearing white metal 轴承白色合金化学分析
	ISO 10816 part 7 ISO 10816 第 7 部分	Vibration level 振动等级
	ISO 10816-3	Gearbox vibration level 齿轮箱振动等级
	ISO 1940 Grade 1.5 ISO 1940 1.5 级	Gearbox shafts static and dynamic balancing 齿轮箱轴动 / 静平衡
22	American Institute of Steel Construction（AISC） 美国钢结构协会（AISC）	

续表

CODES AND STANDARDS LIST 规范和标准清单		
23	American Iron and Steel Construction（AISI） 美国钢铁协会（AISI）	
24	American Institute Sums up（ACI） 美国混凝土协会（ACI）	
25	Uniform Building Code（UBC） 统一建筑规范（UBC）	
26	American Society Civil of Engineer（ASCE） 美国土木工程师协会（ASCE）	
27	American Association of State Highway and Transportation Officials（AASHTO） 美国国家公路与运输协会（AASHTO）	
28	EN 12952	
29	Steel Structure Painting Council（SSPC） 美国钢结构油漆协会（SSPC）	
30	Japanese Industrial Standard（JIS） 日本工业标准（JIS）	
31	ABNT（Brazilian Association of Technical Standards） 技术标准协会（ABNT）	
	NBR 6123/88	Design Wind Load（"Forçadevidoaoventoemedificações"） 设计风载荷（"Forçadevidoaoventoemedificações"）
	NBR 10151	Noise level 噪声等级
	NBR 8289/8（or the international ASTM D 3174） NBR 8289/8（或国际 ASTM D 3174）	Ash content（dry basis） 灰分含量（干基）
	NBR 8294/83 and NBR 8295/8（or the international ASTM D 2492） NBR 8294/83 和 NBR 8295/8（或国际 ASTM D 2492）	Sulfur content（dry basis） 硫含量（干基）

CODES AND STANDARDS LIST 规范和标准清单	
NBR 8290/83（or international ASTM D7582） NBR 8290/83（或国际 ASTM D7582）	Volatile matter content（dry basis） 挥发分含量（干基）
NBR 8293/83（or international ASTM D 3302） NBR 8293/83（或国际 ASTM D 3302）	Wet content 含湿量
NBR 8629/83（or international ASTM E112） NBR 8629/83（或国际 ASTM E112）	Granulometry 粒度测定
NBR 9164/85（or international ASTM D1857/ D1857M－04（2010）） NBR 9164/85（或国际 ASTM D1857/ D1857M－ 04（2010））	Test Method for Fusibility of Coal and Coke Ash，using oxidizing environment（O2）= Ash fusibility temperatures 氧化环境（O2）中煤、焦炭和灰分熔度试验方法＝灰分熔度温度
NBR 8739/85（or international ASTMD409/ D409M－12） NBR 8739/85（或国际 ASTMD409/D409M－12）	Coal/Limestone Grindability 煤／石灰岩易磨性
NBR 6118	Design of concrete structures 混凝土结构
NBR 6120	Loads for the calculation of the structure of buildings 建筑结构计算载荷
NBR 14931	Execution of concrete structures 混凝土结构施工
NBR 7187 and NBR 7188 NBR 7187 和 NBR 7188	The structures subject to vehicular traffic by road and / or special construction and/or assembly shall be sized for the worst combination of the actions 道路交通和／或特殊结构和／或总成用结构尺寸按照最坏情况下综合考虑

CODES AND STANDARDS LIST 规范和标准清单		
	NBR 9050	Accessibility Construction，Furniture，Urban Space and Equipment 可用结构、家具、城镇空间和设备
	NBR 13231	Fire protection in conventional electricity substation of transmission system 输电系统传统变电站消防
	NBR 15749 and NBR 1571 NBR 15749 和 NBR 1571	Grounding system design 接地系统设计
	NBR 5419	Lighting protection system for all structures of the power plant 电厂所有结构防雷保护系统
	NR-12	Work safety on machine and equipment 机械和设备作业安全
	NR-13	Boiler and pressure vessel 锅炉和压力容器
	NR-18	Work environmental and condition on industrial construction 工业结构作业环境和条件
	NR-35	Work at height 高处作业
32	Manufacture`s Standard Practice（MS） 制造标准惯例（MS）	
33	American Gear Manufacturers Association（AGMA） 美国齿轮制造商协会（AGMA）	
34	Expansion Joint Manufacturers Association（EJMA） 膨胀节制造商协会（EJMA）	
35	Cooling Technology Institute（CTI） 美国冷却技术协会（CTI）	
36	British Standard（BS） 英国标准（BS）	

5.2.2 设计深度及标准消化

（1）设计深度经验反馈。

1）特别是主合同中技术规范要吃透。一是设计标准的符合性以及全厂设计整套工艺设计的符合性；业主提供煤/水/油等性能参数的符合性问题；二是配套厂家设备设计符合性；如输煤/除灰/除渣等系统厂家电控变更较多，主要是厂供电缆增加太多。主要原因：①采购时未将主合同中的技术要求清晰的传递给厂家；②厂家没有按照合同要求去执行，或是根本就没有研究合同中的技术要求；③厂家提资存在问题，不全面。造成现场变更增加多，影响工期。

2）机务专业 $\phi 80$ 以下小口径管道、热控仪表管未出设计图纸，电缆保护管设计深度不够，采用现场与设计共同定位、业主确认的方式施工，最终出设计图。

3）设备厂家图纸设计消化及设计深度不够。如与主机设备的接口西门子接口的相关管道，西门子只负责技术参数，由设计院负责接口图纸，按图施工后，在坡度和布置形式方面不满足西门子要求，现场进行大面积更改。

（2）设计标准消化。

项目部组织技术人员学习 ASME 国际标准，通过消化、吸收与国标进行对比分析，并形成国际标准规范研究消化报告。

1）国内标准与 ASME 标准对比条数统计见表 5-3。

表 5-3　　　　　　　　　国内标准与 ASME 标准对比条数统计

专业	对比条数	专业	对比条数
建筑	15	焊接	46
热机	52	检测	27
电控	101		

2）国内标准与 ASME 标准要求严格程度对比统计见表 5-4。

表 5-4　　　　　　　国内标准与 ASME 标准要求严格程度对比统计

专业	国内 >ASME	国内 <ASME	不同类型
建筑	10	2	3
热机	30	6	16
电控	31	2	13
焊接	71	9	21
检测	标准差异		

（3）举例说明。

1）国内 >ASME，建筑举例。

国际标准：对环境类别划分了三类，保护层厚度在 15~75mm 之间。

国标标准：划分了五类环境标准。根据构件种类和环境类别，保护层厚度在 15~50mm 之间。

相近环境类别，美标比国标混凝土保护层厚度偏大 10~30mm。

2）国内 > ASME，焊接举例。

手工焊对接焊缝试件适用于对接焊缝焊件焊缝金属厚度范围。

国标标准：试件母材厚度 $T \geqslant 12$mm 时，适用于焊件焊缝金属厚度不限（焊缝不得少于 3 层）。

国际标准：试件母材厚度 $T \geqslant 13$mm 时，适用于焊件焊缝金属厚度不限（焊缝不得少于 3 层）。

5.2.3　设计执行情况

（1）初步设计和土建详细设计工作分为设计和设计咨询两部分，全部由当地分包商负责。项目前期当地设计分包商出图慢，影响现场建筑施工，导致建筑工程工期延误和分包商索赔。同时对项目整体工期产生了较大影响。另外设计咨询按工日计费，设计费不断增加，设计、咨询费很难控制。

（2）全场消防系统由中国国内一家外资企业负责设计、供货。图纸设计部分采用国内消防标准，不符合当地使用 NFPA 标准。

（3）厂家设备设计：部分设计不能完全满足主合同技术要求，造成现场设计变更比较多。设计变更需要根据现场实际情况先进行施工，分包商进行测量，设计院升版图纸，经过业主批准后，才能进行施工验收，进行下一道工序，给施工工期造成较大影响。很多厂家说明书未提及转动设备加润滑油、脂的问题，需升版厂家说明书和 ITP，给施工和 ITP 执行造成影响。

5.2.4 设计优化

该项目整体设计布置与国内常规火电项目相比，做了大量的设计优化工作，具有一定的借鉴意义（见表 5-5）。

表 5-5　　　　　　　　　　　　　　项目设计优化对比表

优化项目	常规设计	该项目做法
主厂房布置	主厂房轴线分布为 A/B/C/D/KA 列，包括：A-B 列汽机房、B-C 列除氧间、C-D 列煤仓间、D-KA 列炉前平台；集控楼、电缆夹层也单独分开，占用空间大、区域分布广、施工面多	主厂房轴线分布为 A/B/C/KA 列，A-B 排为汽机房，跨度 30m，B、C 排钢柱并立（轴线间距仅 1.2m），C-KA 排为煤仓间，跨度 12m，煤仓间 23m 以上布置输煤设备，13m 布置除氧器 1 台，6.5m 布置高压加热器 2 台，0m 布置汽泵前置泵 2 台、高速混床 2 台，高压旁路系统减温水泵 1 台等，23m 以上主要布置输煤系统设备及管道，23m 以下为炉前系统管道；将常规的除氧管道间与煤仓间合并布置，省去了除氧间、炉前平台、电缆夹层等房间，集控楼、各配电间集中在汽机房、煤仓间。 优点：少一个厂房，整体结构紧凑，减少占地面积；减少管道长度；设备布置紧密。总体大大减少了初始投资。 缺点：除氧器低位布置，需考虑前置泵的汽蚀余量满足要求；厂房整体压缩后管道安装空间狭小，设备就位、管道施工难度加大；此厂房适合无磨煤机的布置
风机布置		该项目送风机、一次风机布置在锅炉左右两侧，相比于国内布置于空预器下方。 优点：缩短锅炉纵向钢结构用量，降低了空预器钢架的设计高度，节省风机至空预器冷风道材料量，施工不存在垂直交叉，安装便捷

优化项目	常规设计	该项目做法
煤仓间布置		该项目钢煤斗设计为 3 台，中间大，两侧小；给煤机同层交错布置（中间煤斗后段 2 台给煤机使用钢支架抬高 2m）。 优点：钢煤斗设计紧凑布置，容量大，可保证机组连续运行周期，中间煤斗后段采用钢支架将给煤机抬高 2m，与中间煤斗前段 2 台给煤机形成交错，使落煤管垂直落煤，避免斜管落煤造成阻力造成的堵煤。紧凑的给煤机布置形式，减少了煤仓间的占地面积，降低投资。 缺点：安装空间狭小，焊接防腐工作量大
启动锅炉布置		该项目启动锅炉棚设计距汽机房 1 轴外 36m 处，距燃油泵房 50m。 优点：距离汽机房辅汽联箱、燃油泵房较近，节省相应管道、综合管架、防腐保温材料及安装工作量，节省成本。 缺点：需进行深化设计，增加设计工作
精处理再生系统		该项目精处理再生系统布置在 3/A-B、1-2 轴，相对于常规机组设计此位置为通道，避免了单独设置精处理、再生设备间，减少了主厂房设计面积。 优点：减少了主厂房占地面积，提高厂房利用率，减少投资。 缺点：吊物孔面积减少
钢结构连接		该项目锅炉、煤仓间、汽机房钢结构连接方式均为连接板挠性连接，便于安装。 优点：钢结构吊装方式灵活，可根据现场机械工作饱满情况合理调配，可组合吊装，也可单件吊装，可避免安装累积误差。出现误差时更改连接板便可消除缺陷，减少消缺工程量。 缺点：钢结构连接板及高强度螺栓使用量大，高强螺栓节点处防腐工作相对困难
水池	常规设计：水池均为地下结构，需基坑开挖回填，工序复杂，施工周期长，部分地区因土质及地下水位需边坡防护、地基处理、基坑降水	该项目：水处理系统区域水池均为地上结构，水泵设计安装在 0m 地面，减少了土方开挖回填等施工工序，缩短工期，减少施工难度。 优点：地上结构节省了顶部和立柱费用，节省了外壁防腐工作量，避免了水池、泵房施工的深基坑开挖，降低施工难度，减少了施工成本投入。 缺点：露天管道布置，加快老化，增加了周围爬梯的施工量
循环水泵房		该项目循环水泵房设计为无厂房结构。 优点：减少了地上钢结构或混凝土施工投资人，无电动葫芦等检修起重设备的设计及投入。 缺点：电机防水等级高，设备安装及后期检修增加辅助吊装机械投入

优化项目	常规设计	该项目做法
水塔结构设计优化	常规设计：循环水冷却通常设计为双曲线筒壁钢筋混凝土冷却塔结构，施工工期长、难度大、高处作业危险、成本高	该项目设计为机力通风塔，机力通风冷却塔下部结构为水池，上部结构为矩形方钢管，重量小，施工简易方便，结构形式简单，施工工期短、成本低
厂区管道	常规设计：雨水管为水泥管，工业水为钢管，工业排污管为铸铁管，种类多，施工复杂	该项目：雨水管、工业排污管等均为HDPE管，此种管道使用热熔焊机连接，无需进行电焊焊接，无需进行管道内外壁的防腐。管道质轻，焊接工艺简单，施工方便。 优点：大大减少了防腐工作量，减少焊接和探伤工作量，减少吊装的工作量，提高施工效率，减少投资，加快施工速度。 缺点：地下塑料管道采购成本较高
行车	项目为单机组，汽机房行车只设计安装1台5t/30t/80t行车，相对于国内单机组双行车布置减少一台行车布置，在一侧主梁上增加1台5t电动葫芦	优点：节省1台行车投资，厂房设备布置紧密，5t电动葫芦作为小件的吊装机械，方便实用。 缺点：需提前考虑汽机房内发电机等大件的吊装方案
汽轮机		该项目汽轮机由西门子供货，汽轮机基座由西门子自行设计，采用预埋地脚螺栓盒的方式，相对于常规机组不存在地脚螺栓样板架施工，降低施工难度。 优点：设计院工作转至厂家成熟设计，减少设计工作量；厂家设计的基础汽门检修空间大；无锚固板设计，大大减少安装工作量，轴承座地脚螺栓无需预埋，地脚螺栓盒子内部采用球面组合、内螺纹安装型式，发电机地脚螺栓为套管式，便于地脚螺栓安装调整，大大减少安装及找中工作量。 缺点：2、3号轴承座前后两侧与低压缸及发电机孔洞平齐，轴承座安装过程中脚手架不易搭设
高中压缸和发电机		该项目高中压缸和发电机均带转子精组装、转子定位后发往现场。 优点：高中压缸内部通流均已组装、验收完毕，大大减少现场工作量。 缺点：设备重量增加，增加吊装难度及费用

续表

优化项目	常规设计	该项目做法
低压加热器疏水系统		该项目汽机房低压加热器疏水系统设置低压加热器疏水冷却器、2 台低压加热器疏水泵，增加机组热效率，常规机组一般不采用低压加热器疏水冷却器及低压加热器疏水泵。 优点：3、4 号低压加热器采用疏水逐级自流形式，由 3 号低压加热器疏水经低压加热器疏水泵打至凝结水系统 3 号低压加热器入口；1、2 号低压加热器并联疏水至低压加热器疏水冷却器，经凝结水冷却后进入凝汽器，相比常规机组，多了一台低压加热器疏水冷却器，提高了机组热效率。 缺点：系统复杂，增加设备及管道量，造成管线拥挤，增加投资
反渗透装置		该项目化水区域反渗透装置只设计 1 台，常规设计一般为 2 台。 优点：节约投资，减少管道安装量，有效节约了厂房空间。 缺点：无备用设备，一旦出现故障将影响制水速率；对运行维护的要求较高
凝汽器		该项目凝汽器在工厂完成模块化组装后发运。 优点：蒸汽冷凝区被分割成 4 个模块，喉部被分割成 2 个模块，大大减少现场组装及焊接工作量，比传统散件式到货安装工期缩短约二分之一。 缺点：模块单重大，需要大型吊装机械
输煤栈桥	常规设计：钢结钩框架，栈桥地面为压型钢板底膜、现浇钢筋混凝土楼板，顶面墙面彩板封闭。压型板楼面工序多且复杂，需要铺设压型钢板，焊接栓钉，铺设绑扎钢筋，安装模板，浇灌混凝土等工序。施工周期长，高处作业危险，造价高	该项目输煤栈桥桁架上桥面板为镀锌花纹钢板，铺满整个桁架，与桁架钢梁满焊。输煤栈桥为露天设计，周边步道临空设计采用栏杆防护，仅运煤皮带上方安装防雨罩。 优点：结构简单、施工方便，造价低
建筑 43m 封闭更改		煤仓间 KA 列 43～54m 为三明治板封闭，原设计支撑骨架为大部分截面尺寸 300cm×250cm 的方形钢管及少部分 C 形檩条的形式，并且彩板安装位置为 43～54m 层钢结构的外侧。由于方管重量较重，安装高度较高，需要用到大型起吊设备，为加快施工速度，减少起重机械施工台班，将彩板封闭位置改到了钢结构 KA 立面的内侧，并将截面尺寸 300cm×250cm 的方形钢管变更为 150cm×100cm 的方钢管，此种方管重量较轻，仅需将方管整体倒运到煤仓间屋面，后续利用人工进行安装，施工效率较高，且节省起重机械的使用时间，提高了经济效益

5.3 施工管理

5.3.1 施工管理模式

（1）班组配置。

中国分包商及属地分包商均采用纯劳务分包的方式，为此执行全面班组化的施工组织模式。根据工作特点和工作量设立以下班组，覆盖全部作业面，对所有作业项目实现了全方位、深层次的各方面管控。同时也对班长及骨干档长的管理能力、技能水平、协调能力等综合素质提出了更高的要求。班组人员配置表见表5-6。

表5-6　　　　　　　　　　　　班组人员配置表（施工高峰期）

班组	施工范围	人员数量		
		职工	国内分包商	属地分包商
热机专业				
本体一班	前炉膛、旋风分离器、锅炉平台栏杆安装	6	52	237
本体二班	汽轮发电机本体、汽泵组、电泵组及其附属系统安装	8		16
本体三班	后竖井安装、锅炉除灰系统安装	1	11	22
本体四班	锅炉联络管、减温水安装、除渣系统安装	2	7	26
本体五班	设计院及锅炉厂烟风道制作安装	1	8	37
辅机班	凝泵、循泵、空预器、电袋除尘安装，全厂转动设备找正	10	8	85
管阀一班	四大管道、中低压管道安装	3	32	72
管阀二班	机力塔、化水、工业废水系统安装	2	2	82
管阀三班	全厂防腐、保温安装	2	30	248
石灰石班	CFB石灰石系统安装	1	4	15
脱硫班	脱硫工艺楼、吸收塔、脱硫废水安装	2	9	38
架工班	全厂架工管理	2	1	460
起重综合班	全厂起重、机械调度、大工具房	4	2	10

续表

班组	施工范围	人员数量		
		职工	国内分包商	属地分包商
电控专业				
仪表班	锅炉房、汽机房仪表设备安装	16	20	48
厂用班	主厂房按钮、保护管，控制柜安装	8	10	47
电缆班	主厂房电缆敷设、接线	10	11	140
高压班	升压站、A 排外设备安装	4	7	10
调试班	主厂房阀门、仪表调试，电机、电缆试验	8	1	0
电工班	全厂电源维护	2	0	42
综合班	脚手架搭设、木工	2	1	30
建筑专业				
烟筒钢内筒班	烟筒内筒、烟筒钢结构（包含钢梁、钢平台、楼梯、围栏、雨水管、百叶窗）		17	35
彩板封闭及钢结构班组	全场彩板封闭、厂房外钢结构（包含建筑物爬梯、栏杆、室内雨水管）		15	83
消防管道班组	汽机房气体消防；汽机房、输煤综合楼、氢站、一二次风机、引风机、消防水泵房消防管道施工		2	28
除尘器班组	输煤区域、脱硫区域、石灰石区域除尘器施工		3	16
二次灌浆班组	全场钢结构及设备灌浆		1	20
空调通风班组	汽机房、外围配电室及电子间的空调及通风施工		1	0
焊接专业				
电焊一班	锅炉区域、电除尘、输煤区域、灰库、外围等区域	30		179
电焊二班	汽机区域、烟囱、钢煤斗、脱硫、渣仓、燃油、化水、外围等区域	26		168
热处理班	锅炉区域、汽机区域	6		13
综合班	全场	2		10

（2）施工任务分配模式。

该项目根据施工项目的难易程度，不同的施工项目实行不同的施工组织模式。以发挥中方工人和属地工人各自特长，以有限的中方工人数量拓展最大的作业面，提高了劳动效率。

1）施工工序简单的施工项目（例如钢结构安装、平台栏杆安装、电缆桥架安装）设计深度较高，属地人员能独立完成的项目，采取1名中方档长带领1组属地工人（1名工头加8～12名工人）的模式，由属地工头为主导分3～4挡进行施工。施工前由技术员和班长对中方档长和属地工头进行安全、质量和技术交底，中方档长主要负责设备材料的准备、脚手架和电焊工等资源的协调安排以及重要工序的操作，属地工人进行纯粹的施工操作。每天给各档属地工人定好需要完成的工作任务，激发起工作热情，最大限度利用属地工人有限的劳动时间增加完成的工程量。

2）施工工序较为复杂，质量控制难度较大的施工项目（例如受热面管屏对口、小口径管道安装等）。采取1名中方档长带领2～4名属地工人的模式，由中方档长主导带领属地工人施工，中方档长手把手带领属地工人实际操作各施工环节，确保每天完成的工作量和施工质量可控在控。

3）主要设备安装的重要工作（例如汽轮机本体安装、辅机设备找正、电气试验、单体调试等）。采取1名中方档长带领1名中方档员加1～3名属地工人的模式，解决工作安排语言交流的障碍，保证信息传递的准确性，以保证操作精度及施工效率。

4）危险性较大的施工项目（例如高空吊装等）。采取2～3名中方工人带领2～3名属地工人的模式，保证高危施工项目的作业安全。

5）观感质量要求高的项目（例如保温外护板）。以中方工人为施工主力，配以一定数量属地帮工进行材料倒运，以保证外护板施工的观感质量。

6）脚手架工、油漆工等专业性较强的工种，采取中国班长管理，属地工头带领属地工人施工的模式。

7）中国分包商专业分包的项目（例如浇注料施工、吸收塔防腐等项目）。取以中方工人为施工主力，配以一定数量属地帮工进行材料倒运，保证主要施工节点的如期完成。

8）专业分包的项目，以中方技术指导为主，属地分包商自行组织施工。

（3）区域化管理。

该项目根据施工计划，项目施工前期按照平面分区的原则进行管控。设置施工区域负责人，进行区域化管理，对区域内的安全、质量、进度文明施工进行总体把控。在保证关键路径施工进度的同时，做到了均衡施工，齐头并进，有效保证了项目的整体进度。进入安装结尾调试前期主要按照系统完善来总体把控进度，有效的为调试工作创造了条件。

5.3.2　施工机械管理

（1）项目机械配置。

当地施工机械资源比较丰富，该项目施工机械主要以当地租赁为主，部分机械来自国内。日常机械主要管理工作为统一协调机械资源，合理调配现场机械，提高机械利用率，降低项目的机械成本。同时，做好现场机械的安全管理，确保现场施工机械的使用安全。主要施工机械配备表见表5-7。焊接机具统计表见表5-8。

表5-7　　　　　　　　　　主要施工机械配备表（水平及垂直移动）

序号	机械名称	规格型号	单位	数量	布置位置	进场日期	退场日期	备注
1	750t 履带吊	LRI750	台	1	炉左	2017.03	2018.06	当地
2	400t 履带吊	LRI400	台	1	锅炉、汽机房区域	2017.03	2018.04	当地
3	250t 履带吊	999	台	1	电除尘、渣仓、灰库	2017.04	2018.11	当地
4	100t 履带吊	中联	台	1	组合场	2017.07	2018.05	当地
5	60t 塔吊	ZSC70160	台	1	炉右	2017.06	2018.03	中国
6	220t 汽车吊	LTM1220	台	2	流动	2017.06	2018.06	当地
7	100t 汽车吊	LTM1100	台	2	流动	2017.06	2018.11	当地
8	80t 轮胎吊	RT890	台	4	流动	2017.03	2018.11	当地

序号	机械名称	规格型号	单位	数量	布置位置	进场日期	退场日期	备注
9	70t 汽车吊	徐工	台	1	组合场	2017.06	2018.11	当地
10	80t 汽车吊	徐工	台	1	组合场	2018.03	2018.06	当地
11	60t 轮胎吊	RT760	台	2	流动	2018.04	2018.12	当地
12	25t 汽车吊	徐工	台	1	流动	2017.12	2018.05	当地
13	随车吊	8～30t	台	3	全场配合	2017.06	2018.12	当地
14	运输车	30t	台	2	全场配合	2017.02	2018.12	当地
15	叉车	4t	台	1	全场配合	2017.02	2018.12	当地
16	液压升降平台	16～40m	台	16	钢结构吊装、彩板封闭、油漆防腐等	2017.05	2018.12	当地

表 5-8   焊接机具统计表

序号	机械名称	单位	数量	布置位置	进场日期	退场日期
1	电焊机	台	488	全场	2017.04	2019.04
2	热处理机	台	5	锅炉、汽轮机	2017.04	
3	烘箱	台	4	F4 班组	2017.04	

（2）机械安全管理。

重点做好：机械进场前资料和技术状况检查、机械安拆过程中的安全监护、机械使用过程中的定期检查，每天进行日检，每月进行月度大检查。

1）根据属地的法律法规、机械租赁合同、公司的相关机械管理程序，结合项目所在地的实际情况，编制项目部的机械管理程序，明确机械的管理流程，制定机械管理工作的相关标准，编制机械检查项目清单，严格按照机械管理程序，开展施工机械管理工作，提升现场的机械管理水平。

2）根据业主方机械安全管理规定，做好机械进场时的安全检查。同时，要求机械出租方提交该机械的所有文件资料存档，检查合格后，机械方可进场。建立机械进出场台账，主要包括机械的进出场时间、机械出租方名称、操作人员、各种相关证件的有效期等，便于机械资源的统计，督促机械出租方及时更新到期的各种证件。

3）机械使用过程中，做好机械日常的巡检和定期检查。做好中方员工与当地员工的融合，发挥双方各自的优势，开展现场的机械检查和管理工作，及时发现机械存在的安全隐患和操作人员的不安全行为，对存在的问题，督促相关方按期整改，及时消除现场存在的安全隐患。

4）定期对机械运行过程中的危险点进行辨识，主要包括自然环境、操作人员和指挥人员、机械的安全技术状况、工作环境等方面。针对辨识出的风险，制定出相应的安全措施，对相关人员进行培训交底，在机械运行过程中，做好安全监护，确保机械安全使用。

5）机械安拆过程中注重监督，主要是 60t 塔吊和租赁的大型履带吊。安装前，仔细审核分包商提供的安装方案，针对大型部件的安装，要重新核算，确保方案的安全性和可操作性。安拆过程中，安排经验丰富的中方员工，做好现场的安全监督旁站，严格执行机械安拆方案，确保机械安拆工作安全顺利的进行。

6）做好机械分包商 checklist 检查工作。规范机械操作人员对机械的 checklist 检查，包括液压、电气、机械部分等，确保使用安全。

（3）机械调度管理。

该项目起重机械资源配置较多，机械调度工作繁琐、复杂。为提高现场机械的使用效率，降低机械使用成本，特编制了现场机械调配制度，以确保现场起重机械调度管理工作平稳有序进行。主要包含以下方面：

1）各部门在使用机械前需要填写机械使用申请单，提前排定每周机械使用计划，每周定时组织机械协调会，根据现场施工情况合理统筹安排机械；要求各机械使用部门每天下午定时申报加班机械，避免机械浪费。严格执行机械提前申请制度，如果没有提前填写机械使用申请单，机械不给予派出。

2）机械使用完毕后及时联系调度员，归还使用机械，以便现场机械资源的充分利用。

3）所有派出的运输车不允许压车，各部门提前策划工作，运输车和吊车配套使用。

4）现场机械在使用过程中出现损坏以及操作人员配合不当等情况，各个部门及时收集证据，并通知机械工程公司，及时进行处理，避免怠工、误工。

5）机械派出后，各个部门对机械的利用效率负责，合理有效地进行工作安排，机械工程公司对各个机械的利用效率进行检查。若是存在机械资源浪费等情况，机械工程公司将记录、汇总，将情况如实反映项目部进行考核。

6）将现场流动机械统一停放，每天早上各个部门根据机械调度申请单去停车场领取。

7）每天上班后，请及时领取申请车辆，进行工作安排，避免造成不必要的机械资源浪费。

5.3.3 技术管理

（1）技术管理人员配置情况。

通过项目实践总体来看，工作标准要求高且程序复杂，文字工作量繁多，且工作语言为英语，整个项目技术人员配置偏少，有时工作显得捉襟见肘，在一定程度上影响工作。后续执行类似项目应配备相对充足的技术管理人员，最好设置 AB 角，以便更好地做好管理技术工作。同时也便于后续国际项目管理人员的积累和培养。各专业技术管理人员配置见图 5-1。

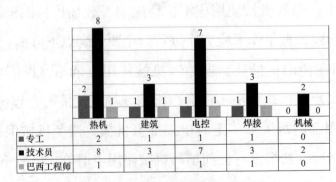

	热机	建筑	电控	焊接	机械
■专工	2	1	1	1	0
■技术员	8	3	7	3	2
▪巴西工程师	1	1	1	1	0

图 5-1　各专业技术管理人员配置图

（2）ITP 管理。

该项目质量管理执行 ITP（Inspection and Test Plan），即检验试验计划。

1）ITP 编制。

ITP 编制内容主要包括以下三点：

a. 确定检验项目和条目。

首先施工责任单位按照所承担的施工范围分专业，按照施工项目确定 ITP 编制清单。同种类型施工项目较多时，可编制通用的 ITP，例如机务专业的中低压管道安装 ITP、建筑专业的钢结构安装 ITP、焊接专业的箱罐焊接 ITP、电控专业的电缆敷设 ITP。通用 ITP 可适用于不同系统或区域。

然后针对每个施工项目按照施工工序确定检验条目，明确验收标准和方法，同时也要考虑验收执行的可操作性。明确检验条目、标准及方法，使各参与单位对标准的理解准确一致，避免因标准不一致对 ITP 检查验收造成影响。

ITP 检验项目及条目的确定，需要依据合同中约定的相关规范标准、设计院图纸、设备厂家图纸及说明书等。因此相关的图纸、设备说明书的准确性和及时获得批准非常关键。客观地讲，国内很多常见厂家图纸或说明书对一些技术要求描述比较含糊，没有量化，由此不断来回澄清确认，影响了 ITP 释放进程。如转动设备的加油数量，仅描述为适量，不宜操作。这点是将来需要改进之处。

b. 选取质量控制点。根据划分的工序，按照质量控制要求，由参建各单位选取各自的控制点，控制点分为文件见证点（R）、见证点（W）、停工待检点（H）三类。

文件见证点（R）只需要施工单位提供检查记录或者第三方测量报告；见证点（W）需要检查人员到现场进行监督见证；停工待检点（H）是停止 H 点之后的工作，直到检查人员到现场进行检查确认并放行。实施的难易程度由低到高排序为 R/W/H。控制点的选取体现了各单位对某个工序质量控制的严格程度。为统一验收方法和便于实施，建议各单位选取的控制点应提前沟通并统一意见。

c. 划分管理职责。要求参建各方的质量管理人员，即施工单位操作者、施工单位一级质检、施工单位二级质检、EPC 总承包单位三级质检、业主质检，按照各自的管理职责和选取的控制点，对同一工序进行检查验收并签字。

根据工作范围，项目 ITP 编制数量为：热机专业 242 个，建筑专业 77 个，焊接专业 45 个，电控专业 30 个，见图 5-2。

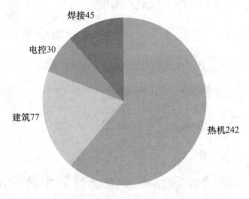

图 5-2　项目 ITP 编制数量

2）ITP 审批。

ITP 上传业主 KC 平台审批，根据合同要求，文件上传平台后，业主工程师有 10 个工作日的时间进行审核；业主不接受未上传平台的文件，导致 ITP 审批的时间较长，需要提前一定的时间来编制上传 ITP。

a. ITP 编审批时间数据统计如下。

每个 ITP 单次审核时间平均 9 天，审核次数平均 3.53 次，每个 ITP 从提交到业主最终释放的平均时间统计为：3.53×9=31.77 天（仅仅是 KC 系统时间，不包括线下修改时间）。

不完全估计，线下修改时间约 5 天，提交业主审核次数平均 3.53 次，每个 ITP 修改时间为 3.53×5=17.65 天，

加上业主审核时间，每个 ITP 从初次提交至最终释放时间为：31.77+17.65=49.42 天。

b. 经粗略统计，ITP 业主审批返回的问题：

厂家资料、图纸、标准问题占 60%；

业主个人问题占 30%；

我方技术原因占 5%。

c. 为提高 ITP 审批通过率，减少审批时间，项目采取的主要措施是：

与业主沟通，一次性提完问题。

需要业主优先审核的，通过质量会或者发邮件等措施进行催促。

要求各专业技术员，收到业主升版通知后，在 3 天内完成修改再次上传。

从 KC 平台上下载延期的 ITP 清单，对责任人进行催促和监督。

制定考核管理规定，对未及时升版的进行考核，对一次性通过的给予奖励。

根据施工进度，梳理 ITP 提报计划，确保施工项目开始前，ITP 完成释放。

3）ITP 取号。

ITP 取号通过总包方文件取号系统取号，按照系统取号，文件取号系统，从 0A 版升版为 0B 版，以此类推，业主批准后，提交 00 版。

业主在 KC 平台上释放后，会要求项目提供 00 版纸版和电子版，上传 KC 平台后，业主会在电子版上加盖释放章，并将文件回复项目部，项目部使用。

4）ITP 验收。

ITP 验收签字人员选择：第一级，档长或操作者；第二级，技术员；第三级，专业质检员；第四级，总包方巴籍 QC 工程师；第五级，业主工程师。

根据业主要求，文件需要至少 1 名属地注册工程师签字，因此项目部招聘一名属地已经注册过的工程师签字，同时总包方也招聘相应的工程师签字。

ITP 最后一栏是记录编码，即分包队伍出的报告，上传 KC 之前在总包方文件编码系统取号，这个编号就可以填入这一栏对应的表格中，业主会根据编号查找相应的报告进行审核。

现场施工项目验收时，要求携带对应的 ITP，在业主验收完成后签字确认。后期需验收的项目较多，业主招聘很多技师负责现场检查确认，部分技师没有签字权利，为确保已经验收的项目无遗漏签字，专业自备检查确认表，谁检查验收，谁签字确认，最后附在相应的 ITP 上，将 ITP 提交业主签字。

5）ITP 部分、全部关闭。

因收款、调试等要求，需要提前上传业主已经签字的一部分 ITP 到 KC 平台，因此将此部分 ITP 以部分关闭的形式上传。若验证点已经全部签字完成，则提交全部关闭 ITP。

6）部分关闭的 ITP，变为全部关闭的 ITP。

提交 KC 要求如下：

文件编码系统操作。

文件名称：partical ITP+ 名称，变为 closed ITP+ 名称。

文件编码：采用部分关闭的 ITP 编码，通过升版版本号实现，由 00 变为 01，01 变为 02 以此类推。

因部分关闭的文件释放后再生版，需要提供理由：以前是部分关闭 ITP，现在是全部关闭 ITP 即可。

7）ITP 验收。

ITP 验收是根据 ITP 划分的点，邀请业主进行现场见证，每个点都要逐项验收，因此对质量的管控较为严格。

ITP 业主全部见证，若不见证继续进行下一步会被拒绝，因此对验收人员的需求量大。

解决方法：要求业主增加现场验收人员。

业主为工程师负责制，只有工程师才能在 ITP 上签字，但是现场验收人员多数无权限，因此验收通过后不能立即签字，而是需要技术人员拿着 ITP 找业主工程师签字，浪费时间。

现场验收完成后，分包队伍需要 2~3 个工作日才能出具相应的报告，之后才能提交 ITP 找业主签字，因此造成 ITP 签字和关闭进展慢，后期对收款和调试有较大影响。

8）TQ（质量技术）文件管理。

TQ文件分为以下两种：

一种是当地分包商编制的验收报告，作为现场质量验收的依据文件，如建筑专业的1份灌浆报告可以是1份TQ，也可以5份灌浆报告是1份TQ，如热机专业的1个泵的找正报告，可以是1份TQ，也可以是泵的找正报告加管道测量报告是1份TQ。

另一种是ITP业主签完字后，部分关闭或全部关闭的文件，如ITP一共10个验收点，完成5个点验收，可以提交部分关闭报告，这个报告就是1份TQ文件，如10个点都验收完成，可以将整个ITP进行关闭，这个报告也是1份TQ文件。

优点是将分包队伍编制的验收报告及时上传KC平台，业主能及时审核，并作为在ITP上签字的参考依据，也可以作为总包方向业主进行收款的依据。相对的缺点是同一个施工项目的报告，分多次进行提交，容易乱，上传到KC平台后，通过编码无法准确查找到相应的报告，只有通过文件命名来辨别，文件因专业和种类的不同，未确定统一的命名规则，只有负责本项目的专业质检员和技术员能分辨，给后期资料的汇总带来不便。

（3）施工作业文件PE管理。

PE的编制，按照业主要求采用英文，项目开始阶段，业主对PE的管理严格。

1）审核其中的内容是否符合标准规范要求，并在现场检查时，对照PE检查施工是否按照方案实施（例如PE规定使用70T吊车，实际采用110T吊车，业主以不符合方案为由，要求停工。后续项目编制方案时，对机械等改为一定范围的吊车，如70-150T吊车）、（方案中如果写安全隔离，现场一定要做隔离，写采取的措施，现场就对照检查措施），对不符合方案的施工要求停工。

2）业主要求PE上传KC平台后，必须在释放后才允许施工，而业主审批的时间长，对项目开工造成一定影响。

3）组织各专业编制施工方案，对现场施工进行指导，各专业施工方案编制数量统计见图5-3。

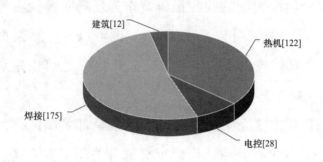

图5-3　施工方案统计图

（4）机械完工管理。

机械完工简称MC，是国际认可并广泛使用的工程完工报检制度，是热力系统调试之前的一个重要部分。

项目制定了机械完工移交调试管理程序，规范了安装、土建所有系统的机械完工管理，从关闭检验试验计划（ITP）管理、未完工作清单（punch list）管理着手，明确各级管理人员职责，能够迅速、有序的开展工作，确保机械完工顺利完成，满足调试要求。

项目部组织编制了机械完工前未完工作检查清单。每个系统机械完工前按照检查清单进行检查落实未完工作。通过使用未完工作检查清单，明确各级管理人员职责，提交未完工作清单（punch list）前组织现场全面检查，确保punchlist提交一次成功。

（5）重要施工方案执行情况检查确认制度。

为确保工程重要吊装项目顺利完成，结合属地法规、吊装检查表check list、ring plan等要求，项目部发布《重要施工方案执行情况检查确认备忘录》，编制《项目重要施工项目清单》（见表5-9）和《重要施工方案执行情况检查确认表》（见表5-10），以专业自查、项目确认的形式对吊装准备和吊装过程进行全程监督管控。

表 5-9 项目重要施工项目清单

序号	名称	大件 / 异形件	备注
1	风室水冷壁吊装	大件、异形件	
2	省煤器管排吊装	异形件	
3	低温过热器管排吊装	异形件	
4	低温再热器管排吊装	异形件	
5	高温过热器管排吊装	异形件	
6	高温再热器管排吊装	异形件	
7	中温过热器管排吊装	异形件	
8	分隔屏管排吊装	异形件	
9	旋风分离器管排吊装	异形件	
10	旋风分离器出口烟道吊装	异形件	
11	四大管道吊装	大件	
12	ESP 系统大灰斗吊装	大件、异形件	
13	主变压器门型架吊装	大件、异形件	
14	引风机电机	大件	
15	一次风机电机	大件	
16	送风机电机	大件	
17	冷渣器	大件、异形件	
18	给煤机大件	异形件	
19	大屋顶组合吊装	大件、异形件	
20	疏水扩容器	大件	
21	空预器屋架	大件、异形件	
22	空预器上部烟道	大件、异形件	
23	电袋除尘器壳体	大件、异形件	
24	电袋除尘器进出口烟道	大件、异形件	
25	脱硫进出口烟道	大件、异形件	

表 5-10 重要施工方案执行情况检查确认表

序号	检查项目	自查情况	责任人	签字	HSE/工程部核查情况	检查人签字	备注
1	信息通报		部门负责人				
2	方案/ITP 批准情况		技术员				
	技术交底情况		技术员				
3	人员准备及监护情况		班长				
4	机械、吊具情况（含地耐力检查、checklist、rigging plan）		技术员				
5	材料准备情况（含 ART 注册、APT、APNR）		技术员				
6	安全设施检查		安全员				
	临时安全设施情况		安全员				
7	周围及环境、清场情况		安全员				
	交叉作业情况及相应的安全措施		安全员				
	风速检查		班长				
8	方案执行过程检查（就位位置、吊装方式）		技术员				
9	方案执行情况总结						

（6）焊接工艺评定。

该项目共完成 ASME 标准焊接工艺评定 74 项，填补了公司 ASME 工艺评定的空白，增强了公司的国际竞争力；工艺评定的具体流程如下：

1）为保证焊接工艺评定报告（PQR）结果准确，获得业主认可，与业主沟通制定 PQR 验收计划（ITP），制定工艺评定各工序见证点，业主派员全程见证焊接工艺评定。

2）查阅技术文件及图纸，依据 ASME 标准、预焊接工艺规程（PWPS）、合同要求，拟定焊接工艺评定 PQR 清单，编制 PWPS 报资料报审系统（AI）审核。

3）根据 PQR 清单，采购评定母材及焊材，依据材料标准验收核对无误后登记入库。

4）准备所需的工器具，相关计量设备应确保在有效期内。

5）组织人员进行焊接工艺评定，主要包括焊件加工、试件焊接及热处理、试件无损探伤、力学性能试件制作及试验、PQR 及相关资料汇总报审；其中试件无损探伤、力学性能试件制作及试验、PQR 相关文件的签发，委托于必维质量技术服务有限公司。

5.3.4　绿色施工

绿色施工就是将"四节一环保"（节水、节能、节地、节材、环境保护）融入整个施工过程中，建立绿色施工体系，通过科技创新和"五新"技术应用，最大限度地节约资源，减少对环境的负面影响，努力创造舒适、健康、安全的工作环境和绿色、洁净、有序的施工场地。

（1）节能措施。

1）施工电源由外部和柴油发电机组供电，按照施工计划及用电负荷及时调整发电机容量，提高柴油发电机的利用率。

2）现场公用照明灯具采用 LED 节能灯，灯具开关选用光控和手动控制两种，在保证公用照明的前提下节约用电。

3）生活办公区用电制定节约用电条例，不定期组织检查，避免出现长明灯等现象。

4）施工所用机械要求能源利用率高，同时统筹各分包商机械共享利用。

5）合理配置空调、风扇数量。

（2）节地措施。

1）临时用地规划。

根据施工范围及工程量大小，制定合理的临时加工场地，减少土地的占用和污染。加大管道、钢结构的工厂化预制深度，节省现场临时用地；

生活、办公区在满足环境、职业健康与安全的前提下，紧凑布置；

现场施工道路采用永临结合的方案，施工现场形成环形道路，减少道路占用土地。

2）临时用地保护。

结合当地严格的环境法要求，最大限度保护施工范围内原有的绿色植被不被破坏；

施工剩余的油漆全部回收；工业废水、废油、化学药品等由专业的处理公司处理，避免污染土地。

（3）节材措施。

1）材料卸车、运输时应方法得当，防止损坏和遗洒，避免二次倒运。

2）材料保存场地符合现场的实际情况，避免因雨淋、日晒、腐蚀等损坏原材料、设备，造成重复采购。

3）严格图纸会检制度，落实好图纸设计的要求及材料的具体规格型号，避免计划提报错误。

4）优化钢结构安装方案，减少不必要措施性材料的投入。

5）现场办公要求采用无纸化办公，用纸分类存放，实行纸张领用审批、废纸回收制度，一般文件打印采用两面打印。

6）动火作业、受限空间作业等位置安全防护措施采用可周转的标准化防护措施。

（4）环境保护的具体要求。

发展绿色施工的新技术、新设备、新材料、新工艺、新产品是环境保护的最有效方法，同时保持原生态环境也很重要。具体如下：

1）发展适合绿色施工的资源利用与环境保护技术，对落后的施工方案进行限制或淘汰，鼓励绿色施工技术发展应用，推动绿色施工技术创新。

2）施工现场张贴环境保护牌。

5.3.5　施工总平面管理

施工总平面本着"因地制宜，统筹兼顾，合理安排"的原则，按照紧凑合理、符合流程、方便施工、节约用地、文明整洁的方式布置。

项目部根据总包方批准的总平面布置方案组织施工。各专业必须在指定的区域内进行施工作业和堆放器材，如遇问题，应及时提请工程管理部协调。

施工总平面内设立的测量用标准点、水准点、沉降观测点等任何单位不得移动、损坏和拆除。如施工确需移动时，应事先征得工程管理部、总包方同意。总平面布置见图 5-4。

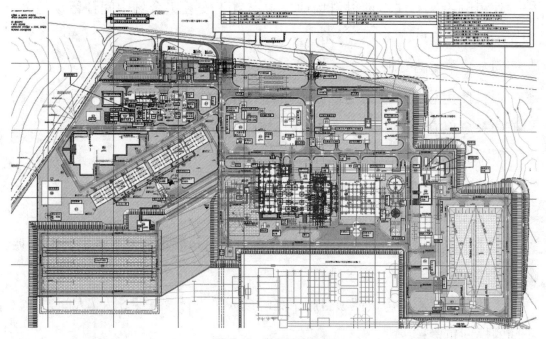

图 5-4　总平面布置图

（1）生产临建规划原则。

生产场地布置是按照定置化原则、分区域模块化管理模式进行规划。

各模块区封闭材料确保样式、颜色统一，具体的封闭样式由项目部确定，各专业实施。根据场地使用功能，在四周围栏上悬挂相应的信息宣传牌，包括但不限于以下内容：

1）区域简介及平面布置图；

2）场地内的安全、消防责任人和管理职责；

3）危险因素公示；

4）现场模块区、安全文明施工责任区的围护及封闭，原则上不使用实体材料，以达到责任区透明视觉效果。

（2）安装组合场规划。

组合场地布置于炉右侧区域，面积约 9000m²。组合场四周采用围栏封闭，与露天仓库之间采用活动围栏隔离，便于设备倒运。

（3）租赁材料场地布置。

外租脚手架、周转性材料场地集中布置于安装组合场中间预留场地处，四周采用围栏隔离。

（4）施工道路管理。

项目使用总包方规划的厂区道路，如有大件运输的需要或者其他需要，提前联系总包方，其协调土建分包商对施工道路进行回填和硬化，满足运输和使用需求。

（5）生活临建规划。

1）生活临建设计原则。

生活区布置紧邻总包生活区西侧，在满足总包要求前提下依据公司 D 版《工程临建及设施图集》要求进行设计：

生活区住宿彩板房按照项目施工高峰期人员设计，按照 5 人／大间、2 人／小间的规划布置；

职工生活区、办公区均采取封闭管理，并配置保安对生活区和办公区安全进行保障；

职工生活区布置带公共卫生间宿舍、餐厅、招待所、职工活动室及娱乐场地；

职工生活区提供 wifi、单人床、三件套、转换插头及插排；

生活区内主道路路基平整压实后，铺设地面砖；

生活区内给水主管采用 DN50 PPR 管暗敷，支管采用 DN50 PPR 管明敷，过路段设置钢套管，埋深 0.2m；

生活区围栏按照属地标准实施。

2）生活区污水管线设计原则。

生活区污水管道采用 PVC 材质，管径为 DN75、DN100、DN150 及 DN200 四种。B 区用 DN100–150 的 PVC 管将各用户的污水汇总至 B 生活区的污水井，经沉淀后，再通过 DN75 排污管接引至污水处理系统，污水处理系统处理后，排至底面积 207.71m^2 的化粪池。

3）雨水管布置。

施工现场按要求设计排水设施，采用明沟和暗管相结合的方式就近排，所有的排水管道坡度不小于 0.5%。

（6）办公区规划。

办公区位于电厂北侧，紧邻总包办公区，与生活区 A 隔离，与生活区 B 相连。

办公室材料采用保温棉夹芯彩钢板集装箱，包含地板和屋顶。水、电、照明、网络齐全，办公区室外场地硬化，周边绿化，符合属地标准。

办公区内设置冲水式小便池和坐便器，设施满足使用要求。

5.3.6　机组调试运行管理

机组调试运行是对机组的设计、设备、安装等各方面质量的检验，其调试质量直接关系到机组的安全启动和顺利投产。根据合同要求，项目部负责设备单体调试，编制《项目调试管理规定》，对调试安全和技术管理进行要求。

（1）调试原则。

调试人员必须严格执行《项目调试管理规定》，以保证调试过程的执行效率，达到调试过程有序可控。

运行人员从单体调试起，接受试运指挥部的领导，并按照调试方案或调试负责人要求，协助系统调试，发现异常及时向试运指挥部汇报，并根据具体情况直接或在调试负责人指导下，进行处理。

（2）施工阶段的调试工作。

安排专业人员在系统安装过程中，了解现场进度及质量情况，对发现的问题及时提出并督促纠正，以有效减少返工和材料浪费。

提前制定出系统冲洗及吹扫临时性措施，以便在安装阶段提前预留接口或安装临时管道等。

全程介入单体试运工作，并做好第一次试运的各项参数的记录整理，作为设备的原始记录。

分系统调试和整套启动调试阶段的工作阶段，配合总包方做好分系统调试和整套启动调试阶段的工作。

（3）调试期间安全管理。

按照"安全第一、预防为主、综合治理"的方针。从预控、预防着手，加强调试现场巡检及重点部位监控。严格执行各项安全调试、生产的制度与规定，对违章违纪行为加大处罚力度，将安全事故苗头消灭在萌芽状态，将努力实现调试部门和工程项目的"零事故目标"。

1）制定安全管理制度和调试应急预案体系。进行现场危险源辨识，制定控制措施或管理方案，并严格实施。采取调试区域隔离、人员授权进入等措施。

2）对危险调试作业要采取必要的安全措施，每一项调试都要在方案中写明安全技术措施，做好事故预想和安全交底工作。组织运行、安装、调试等各方面技术人员学习事故经验反馈，做好事故预想和事故处理演练。

3）进场调试人员必须完成必要的安全培训，并使现场保持良好的秩序，以避免发生人身、设备事故。一旦发生安全、质量事故，及时采取应急补救措施，防止事故扩大，尽力保护现场，并及时报告相关部门，提出事故处理方案，迅速处理。

4）机组试运阶段，严格执行各类工作票制度和调试措施。

5）各专业必须服从试运指挥部的统一领导，严格遵守工作程序，加强试运的协调组织管理，加强团结，相互支持。

（4）调试期间质量管理。

1）在图纸设计、设备采购、现场安装等环节提前介入，积极查找问题，提出解决方案，力争将缺陷消除在初始阶段。

2）整理收集有关规程和文件，组织调试负责人，依据有关规程和标准，对技术图纸、技术资料、厂家设备资料进行深入细致的研究。

3）在单体调试工作前，应组织相关人员进行现场联合检查，并检查安装记录是否齐全。

4）调试期间认真做好调试过程中的质量记录，确保整个调试过程的可追溯性。对调试中的不合格项目进行控制，及时分析原因，制定纠正措施。

5）调试结束后，及时整理调试资料，编写调试报告，以便于查验核对。

6）为加强调试工作的精细化。

（5）调试工期。

该项目单体调试由我方负责；系统调试及整套启动由总包方牵头负责，我方配合。

调试工期表见表5-11。

表5-11 调试工期表

序号	系统/设备	工期	调试开始时间	调试完成时间	备注
1	锅炉水压试验	5	2018/5/3	2018/5/7	
2	倒送厂用电	52	2018/8/16	2018/10/6	2018年8月16日完成升压站受电，9月16日送到6kV，10月6日送到460V
3	锅炉补给水系统出合格化水	3	2018/8/2	2018/8/4	
4	烘炉	10	2018/11/16	2018/11/25	
5	闭式水调试			2018/10/30	
6	炉前化学清洗			2018/11/6	
7	燃油泵房电动门调试			2018/11/8	
8	循环水系统调试			2018/11/9	
9	开式水系统调试			2018/11/10	
10	电动给水泵组调试			2018/11/17	
11	9台空压机及9台干燥器调试			2018/11/20	

续表

序号	系统/设备	工期	调试开始时间	调试完成时间	备注
12	燃油泵房5台油泵电机试转			2018/11/21	
13	锅炉烘炉	10	2018/11/16	2018/11/25	
14	启动锅炉蒸汽吹管			2018/11/26	
15	凝泵电机试转			2018/11/27	
16	引风机电机试转			2018/11/28	
17	气泵前置泵电机试转			2018/11/29	
18	炉右一二次风机电机及油站试转			2018/12/3	
19	炉左一二次风机电机试转			2018/12/5	
20	引风机密封风机调试			2018/12/6	
21	空预器油站试转			2018/12/9	
22	锅炉酸洗	6	2018/12/4	2018/12/9	
23	高压流化风机电机试转（A、B电机）			2018/12/18	
24	空预器试转			2018/12/21	
25	启动床料调试			2018/12/21	2018年12月22日上料
26	高压冲洗水泵试转			2018/12/21	
27	生活污水系统调试			2018/12/21	
28	皮带称重给煤机调试			2018/12/23	
29	A、B高压流化风机试转			2018/12/26	
30	一二次风机试转			2018/12/31	不带负荷
31	润滑油直流油泵试转			2019/1/2	
32	启动床料上料	9	2018/12/28	2019/1/5	
33	中心给煤机调试	1	2019/1/7	2019/1/7	
34	A电除尘升压	1	2019/1/8	2019/1/8	单电场升至60kV，并联电场升至45kV
35	汽轮机油循环	62	2018/11/9	2019/1/9	进轴承座油循环于2019年3月22日完成

序号	系统/设备	工期	调试开始时间	调试完成时间	备注
36	循环水泵 B 试转			2019/1/9	
37	机力通风冷却塔风机电机试转	2	2019/1/9	2019/1/10	
38	冷渣器通水及系统冲洗			2019/1/10	
39	机力通风冷却塔风机试转	2	2019/1/10	2019/1/11	
40	点火系统调试（炉前燃油循环及油阀严密性检查）	2	2019/1/12	2019/1/13	
41	B 电除尘升压	1	2019/1/14	2019/1/14	
42	输煤 1 号皮带电机试转	1	2019/1/10	2019/1/10	
43	输煤 2 号皮带电机试转			2019/1/14	
44	输煤 3 号皮带电机试转			2019/1/14	
45	输煤 0 号皮带电机试转			2019/1/14	
46	动力场试验		2019/1/19		受一次风机轴缺陷影响，2019 年 3 月 9 日安装完成
47	0 号输煤皮带试转	1	2019/1/26	2019/1/26	
48	碎煤机试转	1	2019/1/26	2019/1/26	
49	汽轮机润滑油、顶轴油调试油冲洗	3	2019/1/26	2019/1/28	
50	冷渣机控制柜调试	2	2019/1/26	2019/1/27	
51	冷渣机试转	8	2019/1/28	2019/2/4	
52	凝结水泵 A 试转	1	2019/1/28	2019/1/28	
53	1 号输煤皮带试转	1	2019/1/29	2019/1/29	
54	链斗提升机电机调试	1	2019/1/29	2019/1/29	
55	顶轴油泵试转	2	2019/1/29	2019/1/30	
56	振动筛调试	1	2019/1/30	2019/1/30	
57	链斗提升机试转	1	2019/1/31	2019/1/31	
58	2 号输煤皮带试转			2019/2/4	除夕

续表

序号	系统/设备	工期	调试开始时间	调试完成时间	备注
59	凝结水系统冲洗			2019/2/6	
60	C 流化风机试转			2019/2/7	震动偏大
61	3 号输煤皮带试转			2019/2/9	
62	电泵试转			2019/2/9	
63	锅炉点火一次成功			2019/2/16	2019 年 2 月 16 日 13:57 点火，2 月 16 日 16:26 床上 4 个油枪全部点燃
64	第一阶段正式吹管	2	2019/2/19	2019/2/20	吹 27 管
65	输煤系统具备上煤条件			2019/2/23	联锁试验于 2019 年 2 月 17 日晚完成；2 月 23 日下午正式上煤
66	第二阶段正式吹管	3	2019/2/23	2019/2/25	2019年2月23日晚23:00 开始蒸汽吹管第二阶段结束，于 13:10 停炉。本阶段正式吹管 76 次，打靶 2 次，吹扫吹灰汽源管道 5 次，吹扫高压旁路系统管路 4 次
67	第三阶段正式吹管	2	2019/2/27	2019/2/28	2019 年 2 月 27 日凌晨 1:00 开始正式冲管至 2 月 28 日 17：00 共 105 次，停炉冷却中
68	第四阶段正式吹管	3	2019/3/1	2019/3/3	2019 年 3 月 1 日晚正式开吹；3 月 3 日 10:17 第一块耙板取出，验收合格；13:17 第二块耙板取出，验收合格，冲管验收合格。共冲管 113 次
69	抗燃油系统油循环	8	2019/2/22	2019/3/1	
70	小机油循环	16	2019/3/6	2019/3/21	2019 年 3 月 16 日 A、B 小机开始第二阶段油循环，3 月 21 日完成。3 月 23 日开始第三阶段油循环

续表

序号	系统 / 设备	工期	调试开始时间	调试完成时间	备注
71	C 高压流化风机试转	1	2019/3/16	2019/3/16	
72	高压厂用变压器低压侧封闭母线耐压试验			2019/3/18	
73	发电机变压器组保护调试	5	2019/3/17	2019/3/21	
74	锅炉石灰石粗碎及细碎电机试转			2019/3/22	
75	锅炉石灰石皮带试转			2019/3/24	
76	发电机变压器组 PT、CT 通流通压试验	4	2019/3/23	2019/3/26	
77	轴加风机试转			2019/3/26	
78	油净化装置调试		2019/3/16		
79	旁路油站油循环		2019/3/25		
80	密封油调试		2019/3/25		

第6章 经营管理

6.1 经营规划

经营规划是企业生产经营过程中各项收入及成本规划、核算、分析、决策和控制等一系列科学管理行为。经营规划管理是项目部为使项目收入及成本计划控制在计划目标之内所作的预测、计划、控制、调整、核算、分析和考核等管理工作。

项目部根据项目特点，依据公司确定的经营指标，编制项目收入及成本计划，并在过程中加以管控，按月度进行经济活动分析，及时纠偏、调整，保证收入及成本计划的贯彻执行。在保证项目工期、质量、安全的前提下，确保实现《项目经营业绩考核责任书》中确定的经营目标。

经验反馈。坚持全员、全过程、全要素管理。项目成本计划编制完成后，将成本计划按年度、季度、月度进行分解，并将指标落实到相关部门及责任人。

坚持科学合理、事前规划、动态控制。在项目前期编制项目经营规划，对项目经营情况整体进行控制；在项目执行过程中，当合同发生重大变更时，提前策划，动态管理，及时调整项目经营策划。

展望未来。通过本项目的实践和锻炼，对属地项目执行过程中的难点和重点有了更深的认识，积累经营数据，为后期公司在南美市场开发及项目执行提供参考。

6.2 保函和保险

保函（Surety）提供的是一个涉及三方的风险转移机制，即一种由担保人（保险公司）向债权人（受益人）为债务人（委托人）担保的三方合约，类似于银行担保。因此保函与传统保险产品有本质区别。

保险是一种提供风险规避或保护的产品，用来防止意外事件可能带来的负面影响。另一方面，保函则是根据第三方的要求购买的保护第三方利益的一种产品。保函保证的是委托人（如承包商）不仅在财务方面，而且在管理和运作等方面都能满足一个项目或一系列项目的要求。

保函按照不同经济活动，主要分工程保函以及商务保函两大类。

工程保函。工程保函分为投标保函、履约保函、保用保函、预付款保函、支付保函、供货保函、劳工及材料付款保函。在海外市场，建工企业参与投标的前提条件就是提供被认可的保函。在国际市场上，更多的中国企业不仅在发展中国家承保工程，欧洲、北美等发达地区越来越多地出现在目的市场中。

商务保函。商务保函的范畴则更为广泛，原则上除上述提及的工程保函外，只要符合保函原理的经济活动都可归为商务保函。较为常见的有诉讼保函、海关保函、执照及许可证保函、环境保函以及融资性保函等。

（1）项目保险。

该项目与总包签订的是成本加酬金的合同，我方提供安装、督导和技术服务，项目设备、材料、施工机械等资源均由总包方提供。在我方安装、督导和技术服务应正确无误的情况下，项目风险由总包方承担，我方未购买工程险。仅为项目职工购买了国外意外伤害险，国内分包商人员国外意外伤害险由分包商自己购买。

（2）项目保函。

该项与总包方签订的是成本加酬金的合同，项目设备、材料、机械等资源均有总包方提供，我方提供安装、督导和技术服务，未向总包方提交任何保函。

6.3 财务管理

6.3.1 预判财务风险

（1）垫资风险。

目前境外 EPC 项目中，虽然项目的启动资金一般都来源于业主的预付款项，但是受中方承包商自身商务能力限制和项目所在国大环境的影响，绝大部分项目在建设过程中都要求承包方进行一定程度的垫资。

例如：P 部分设备采购时业主会支付 30%～50% 的预付款，后续款项可能需要至安装完成才能支付，而承包方进行采购时同样需要支付 30%～50% 的预付款，剩余款项需要在设备到货后一并付清（质保金除外）；C 部分施工时业主会支付一定比例的工程建设预付款（需要承包方提供保函），但是后续进度结算时业主并不会按照现场实际完成工程量进行进度款支付，而是按照工程进度按比例支付。并且很多境外项目业主并不能保证按时支付进度款，而承包方为了保证合同正常履约，可能需要在这一过程中垫资支付下级分包商款项。

（2）资金安全。

受境外项目所在国社会环境及经济条件的影响，资金的存放、流动存在着较大的安全隐患。有的地区鼓励或只能现金支付为主，有的地区虽然支持银行转账业务但存在着金融机构资信偏低、业务单一、支控程序简单、电子支付不成熟等问题。

例如南美，由于国家经济环境萧条、通货膨胀率增长较快、失业率激增，导致社会治安极差，偷窃、抢劫事件时有发生，一些银行工作人员玩忽职守、内外勾结，时常会出现从银行取出假币、取完款从银行出门即被抢劫等事件发生，给项目的资金安全和财务人员的人身安全都有极大影响。

（3）外汇风险。

由于境外 EPC 项目中材料设备供应商、服务提供商的国别差异或其特殊要求，支付货币涉及多币种（如欧元、美元、当地币等），受外汇市场汇率易受政治经济等因素影响频繁波动，项目合同履约周期长、外币资金权重大，不确定性较大。

例如在 2015 年初项目签订 EPC 合同时，C 部分境内（项目所在国）结算币种为项目属地货币，而合同签订时属地货币兑换人民币的汇率在 2.10 左右，而目前的汇率则在 1.74 左右。且由于属地国内经济形势及政治环境的影响，不排除属地货币的价值继续下跌的可能。

（4）税务风险。

境外 EPC 项目在签订合同生效时，承包方就形成了税务注册、登记责任，也具备了纳税条件。在整个合同履约期间，都要按照项目所在国的相关税收法律要求履行纳税义务。

然而项目所在国的税制存在较大差异，包括征收对象、税率、纳税程序、期限、税收优惠政策、税收处罚、征收管理水平等。同时由于国内和国外两部分税务、会计准则、设计服务、材料设备采购、建筑施工劳务等征收对象的不同，部分票据成本不能纳入当地账务，部分费用不能进行税前抵扣，导致收入与成本不匹配，利润虚增，多交利润税和所得税；且如果纳税申报没有按照当地的法律法规进行申报，还有可能面临巨额的税务罚款。

6.3.2　实施管理策略

（1）做好财务预算，合理筹划资金。

1）充分预估风险，进行项目资金策划，编制合理的现金流计划。在项目初期根据签订的 EPC 合同，做好财务预算，全面预估项目 E、P、C 各个环节的资金收、支计划，并在项目进行过程中按时进行调整。

2）合理使用工程预付款。对可能涉及融资的项目，尽可能利用融资优势，提高预付款的比例。另外对预付款的使用首先要及时支付保证工程建设顺利的前期设计、各项设备、材料和物资项目，保障项目的连续性，保证预付款在使用的过程中能够高效、安全的使用，从而减少企业对自有资金的使用。

3）加强进度款回收力度。境外 EPC 项目建设中的回款主要是根据工程进度计划结合合同价格和合同中的支付条款进行计算，通常合同中只对工程项下的设备、土建、安装、服务等模块进行整体费用划分，相应细项并未明确。而实际执行时，业主通常会要求提交一份详细的费用分解，因此在投标阶段便需要考虑项目的回款，进行不平衡报价，在实际执行阶段，使用不平衡请款方式，尽可能提高收款力度。

4）增加支付方式的多样性。境外 EPC 项目可以考虑增加承兑、信用证等多种方式的资金支付，从而可以延长承包方银行存款的周转周期，在一定程度上也可以减轻资金支付压力。

（2）加强资金管控，保障财务安全。

1）严格执行资金管控制度。境外 EPC 项目要建立完善的资金管理制度，通过系统、合理的管理，根据项目进行中的实际需求，按照流程合理安排资金的使用，坚持专款专用，采用资金集中管理的方式，建立完善的资金支付程序。

2）减少现金的使用。根据项目的实际情况合理安排库存现金的存放和使用，尽可能地减少现金的使用量，除了特殊情况，日常的报销及付款尽可能地通过网银转账、支票付款等方式进行支付。

3）加强保函的管理。通过对项目所在国的国情、金融环境、法律环境的了解和与业主、银行的沟通，对保函开具的内容进行反复分析研判，必须符合当地法律法规，并且合乎承包方及业主方的利益，避免因保函内容不严谨或违约而被没收；同时要高度重视管理好保函的有效期，项目结束后及时释放保函。若一旦被业主方兑付包函，后果将非常麻烦，给企业正常经营生产带来巨大影响；尽量开具闭口保函，降低保函风险。

（3）善用外汇工具，避免汇率风险。

1）合理选择结算货币。在条件允许的情况下，优先选用人民币结算；次之，选用美元、欧元等在国际市场流通中相对稳定的货币；再次，选用人民币或美元与当地币组合的方式，且要降低当地币的比例，进一步降低外汇风险损失。

2）科学分析境外 EPC 合同货币的走势，合适选用金融工具，如应用远期外汇、货币期权、套期保值等金融手段掉期锁定收支汇率。

3）适当考虑汇率保险等金融手段规避境外 EPC 项目的汇率风险，避免资金流失。

（4）加强税务筹划，降低税负成本。

1）在项目前期，借助项目所在国当地实力较强的会计师事务所调研当地的税务法律法规及相关的税务优惠政策，做好税务策划。

2）在总结税务调研的基础上，结合项目实际情况，通过合同价格的确定和合同税务条款的约定规避项目可能存在的主要税务风险，明确项目合同任务是否按照 onshore 和 offshore 进行合理拆分，从而使项目税务风险总体上可控。

3）平衡外账收入成本，弥补不能纳入外账的票据成本。

总之，风险是客观存在的，资金风险是境外项目风险管控的核心，贯穿于项目投标与执行过程的始终。只有合理的编制项目资金策划，确定合理的资金结构，加快工程款回收，提高资金的流动性和使用效率，减少资金占用，加强对资金流的有效控制，防范资金风险，保证资金安全，确保资金在项目执行过程中良性循环，才能为境外 EPC 项目良性运行提供有力的资金保障，实现项目效益的最大化。

第 7 章　HSE 管理

7.1　环境管理

为做好环境管理工作，在配备两名环境技师的基础上，严格遵守 IBAMA（属地环境保护署）审批的项目环境保护管理的纲领性文件，共包含 290 个文件，从空气质量管控、废液管控、固体废弃物管控、水土保持与植被保护、动物保护、环境培训等方面规定了该项目实施和运营期间的所有环境保护要求，高于国内环境保护管理标准。

项目环境管理工作重点执行项目环境基本计划（PBA）。该计划是由业主编制并提交 IBAMA（属地环境保护署）进行备案，且与工程进展衔接紧密，确保整个施工过程满足属地环境法规相关要求。避免了周边居民及相关方的投诉及属地环境政府部门的处罚。

7.1.1　防止粉尘污染

土方作业，采取洒水、覆盖等措施，达到作业区目测扬尘高度小于 1.5m，不扩散到场区外。施工后的边坡覆盖草坪，防止水土流失。现场道路及厂区周边道路每天由洒水车进行洒水。

7.1.2　防止噪声污染

所用机械设备及车辆确保具有完善的消音设备，将噪声控制在当地政府环境保护允许的范围以内。

为防止噪声对人体的危害，易产生噪声的切割机等集中放置在棚或箱内使用，设立加工制作区。

合理安排施工时间，防止施工噪声影响附近居民或生活区中员工的正常生活。

7.1.3　防止水污染措施

因现场生产用水为水车配送，生活用水为就地水井供水。

生活垃圾一律分类装入垃圾袋，堆放在指定地点统一处理。

食堂产生的污水先排入隔油池，水油分离后进行初步处理后再进行排放，厕所污水由化粪池处理后排放。

施工中产生的污水，外委当地水处理公司进行处理。

7.1.4　防止油污染措施

施工现场油漆、油料等存放场地，设置在通风、空旷处，做好防止渗漏的处理，放置接油盘，防止油料的跑、冒、滴、漏，污染水体和土壤。

油循环区域布置接油盘、锯末、废液桶、海绵、扫帚等环境应急物资，防止漏油产生污染。

现场机具等凡需加油检修的，须在其下部做好接油防护，确保维护和加注油料过程不污染基础和土地。

对施工中产生的油污染物及油料容器进行集中回收，由专业处理公司进行统一处理。

7.1.5　施工现场废弃物的处理措施

现场废弃物均按属地环境标准，由属地员工成立的废弃物分类小组进行废弃物的分类。根据现场施工要求，分类设置废弃物回收箱（如废木料回收箱、废铁回收箱等），并张贴双语标识。

按文明施工要求，各施工点将产生的废弃物分类放置在回收箱内。

对存放的废弃物及时联系垃圾处理公司进行处理。其中，对于有害废弃物，联系有处理能力的单位处理回收；对无法处理的毒害性废弃物可经由当地环保部门同意，进行无害化封存（如：有MB标识的木料必须与其他木料分开放置，单独进行处理）。

7.1.6　防止空气污染措施

现场所有机械车辆严格使用合格燃油，实现机械车辆尾气达标排放。
施工现场、生活区严禁焚烧各种工业垃圾及生活垃圾。

7.1.7　防止水土流失

现场施工不得随意取土，不得随意开辟道路，防止植被破坏，取土源均为业主指定地点。

7.1.8　动物保护

在现场施工中，注意保护各类动物，现场遇到对施工造成影响的动物或动物居所（例如蜂巢）禁止猎杀或私自处理，均需通知业主，由专业人员对动物进行迁移；通过张贴公告和进行环境规范培训来提高人员环境保护和野生动物保护意识。

7.2　职业健康管理

项目部成立职业健康管理领导小组，小组构成如下：
组长：项目经理
副组长：项目书记、副经理、总工
成员：各管理部室及子分公司负责人
领导小组为项目部职业健康管理的最高决策机构，负责制订项目部职业健康管理的方针、目标，审定、发布项目部职业健康管理制度、计划、应急救援预案等，研究职业危害防治措施，全面领导项目部的职业健康管理工作。

领导小组为项目部职业健康管理权限内的事故结案机构，负责评审事故单位的"说清楚"，负责提出事故责任人的处理意见。

根据不同施工阶段的特点，定期或不定期地组织职业危害综合检查，对查出的问题，监督有关单位及时整改并落实相应预防措施。

布置、安排、检查、总结职业健康管理工作，对重大职业健康问题进行研究，并做出决策。

其他需要组织、协调的职业健康管理工作。

7.2.1　职业健康管理

属地注重职工的职业健康。职工入职前均需到属地政府指定的劳工医疗机构进行体检，检查确认各项指标合格后，才能进行入场培训、办理入场证件。还需每半年进行一次复检。

职工入职后，劳动防护用品需配备齐全、合规（有属地 CA 认证）。焊接作业人员要佩戴特殊的滤芯口罩，密闭空间和非密闭空间焊接作业人员需分别佩戴不同的滤芯口罩（滤芯为 2078 和 2097），监护人员佩戴型号相同的口罩；防腐保温人员穿戴连体防护服、根据工作种类佩戴相应种类的口罩（刷油漆和鳞片防腐作业用佩戴滤芯为 6300 的口罩，保温棉防腐作业用 PFF3 类型口罩）。

施工现场按照属地法规布置满足要求的移动化学厕所和饮水点（配置冷水机）。

医护站人员在现场设置健康站点，为施工人员测量血压、血糖等。

为防止传染性疾病发生，项目部与地方政府合作，为全体职工免费接种黄热病、麻疹等疫苗，保障职工安全、健康工作。

7.2.2　劳工管理

严格遵守属地劳工法律法规，保障劳工权益。高度重视和做好劳工管理工作，避免受到行政处罚，或陷入劳工纠纷，蒙受不必要的损失。

项目部对当地招聘的员工，在其入职时需要收集以下信息，做好备案工作。资料清单如下：

工作证；

身份证（无需认证的复印件）；

个人税号证（无需认证的复印件）；

社会一体化税金计划；

毕业证书；

有邮政编码的现居住地址证明（水、电、电话等资料）；

出生及结婚证明（无需认证的复印件）；

3×4 近照两张；

银行流动账户储蓄账户（无需认证的复印件）；

特殊作业证 CARTEIRA PROFISSIONAL；

选举证（无需认证的复印件）；

服役证明（无需认证的复印件）；

小于 14 岁的子女出生证明（无需认证的复印件）；

7～14 岁子女的学籍证明（无需认证的复印件）；

5 岁以下子女的疫苗接种卡（无需认证的复印件）；

上一个工作单位的评价（如有此证明）。

然后按照既定的流程进行"三级安全教育入场培训"（特殊类作业所需进行相应的专题教育培训和技能考核）、办理入职上岗手续。

7.3　安全管理

7.3.1　项目安委会

（1）项目部依据公司有关安全管理规定，成立以项目经理为主任，项目书记、副经理、总工为副主任，项目部各部门负责人及分包商项目经理为委员的安全生产委员会（简称安委会），安委会是项目部环境、职业健康安全管理、文明施工等安全管理工作中的最高决策机构。

（2）项目部安委会，下设办公室在 HSE 部，负责日常的安全管理工作。

（3）项目部安委会统领项目部的四个安全责任体系、督导五大管理网络进行各自职责内的工作开展，为项目安全工作的平安推进奠定基础。项目部安委会网络图见图 7-1。

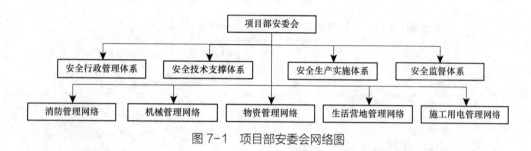

图 7-1　项目部安委会网络图

7.3.2　安全管理四个责任体系

项目部安全管理四个责任体系见表 7-1。

表 7-1　　　　　　　　　　　　项目部安全管理四个责任体系

一、安全行政管理体系	
主要责任人	项目经理
组成成员	各部门负责人、专业公司负责人、分包商项目经理
二、安全技术支撑体系	
主要责任人	项目总工
组成成员	工程管理部及专业公司技术人员、分包商技术工程师
三、安全生产实施体系	
主要责任人	分管生产项目副经理
组成成员	工程管理部及专业公司负责人、分包商生产工程师
四、安全监督管理体系	
主要责任人	安全总监 / 分管安全项目副经理
组成成员	中方安全管理人员、外籍安全工程师、分包商安全工程师

7.3.3 安全五大管理网络

项目部安全五大管理网络表见表7-2。

表 7-2   项目部安全五大管理网络表

序号	名称	责任部门	工作内容
1	消防管理网络	HSE 部	消防检查、培训,火灾应急管理工作
2	机械管理网络	HSE 部(机械专业)	机械检查、培训,防风防碰撞应急管理工作
3	物资仓储管理网络	物资装备部	物资仓储运输、检查、培训,应急物资保管
4	施工用电管理网络	电力工程公司	施工用电检查、培训,触电事故应急管理工作
5	生活营地管理网络	综合管理部	生活营地检查,治安、食品、住宿安全管理

7.3.4 中方与属地安全管理团队

成立中方安全管理人员 + 属地安全工程师 + 属地安全技师的安全管理团队,进行属地化管理,严格遵守属地 NR 系列法规。属地安全技师的配备满足与施工人员的比例要求(普通工人每 30 人员配备一名安全技师,特殊工种和夜班人员每 15 人配备一名安全技师)。

成立 CIPA(事故预防内部委员会)。CIPA 是通过公开无记名投票形式推选的雇主代表和雇员代表组成的倡导安全、健康的组织,旨在预防工作造成的事故和疾病,以促使工作与工人的生命保护和健康永久兼容。每月召开 CIPA 会议,解决安全、健康问题。每年开展一次 CIPA 安全宣传周,宣传、普及安全和健康知识。

7.3.5 安全管理文件

该项目共编制下发了 29 个安全管理程序文件,用于规范、指导各种作业、管理活动。明确了责任制、安全培训、检查、会议、隐患排查、应急管理等工作程序,确保了安全管理体系的有效运作。安全管理文件清单见表 7-3。

表 7-3　　　　　　　　　　　　安全管理文件清单

序号	名称	序号	名称
1	安全文明施工总体策划	16	应急管理程序
2	环境、职业健康安全绩效监测与测量控制程序	17	治安保卫管理规定
3	安全生产责任制	18	高处作业安全管理程序
4	事故、事件、不符合控制程序	19	文明施工管理程序
5	安全会议管理程序	20	安全措施交底管理办法
6	安全生产四个责任体系管理程序	21	消防安全管理程序
7	安全检查管理程序	22	高处作业安全管理程序
8	安全生产考核奖惩管理程序	23	交叉作业安全管理程序
9	安监（全）员管理程序	24	机组试运安全管理程序
10	安全设施及用品管理程序	25	危险化学品安全管理
11	受限空间管理程序	26	安全教育培训管理程序
12	安全施工作业票管理程序	27	工伤管理程序
13	安全事故管理程序	28	职业健康卫生防疫管理程序
14	反违章管理程序	29	有毒有害作业管理程序
15	危险因素辨识、评价和控制程序		

7.3.6　具体实施

（1）人员培训。

入场培训：注重安全培训教育，从零开始进行属地化安全培训 [即 NR18 法规培训、劳保用品使用培训、登高（NR35）实战操作] 及现场应知应会培训。

实操培训：坚持安全培训实战化，岗位、区域许可培训，帽贴授权（如烟囱区域授权、密闭空间作业培训授权、平台车培训授权）。

安全培训内容见表 7-4。

表 7-4 安全培训内容

序号	培训名称	序号	培训名称
1	NR35（高处作业培训）	5	NR33（受限空间作业培训）
2	平台车操作培训	6	劳保用品使用培训
3	消防知识培训	7	环境保护培训
4	施工用电培训	8	职业健康知识培训

施工作业措施培训：各单项工程开工前，必须组织作业人员进行安全技术交底（对危险性较大的专项施工方案，交底要采用 PPT，图文并茂），交底内容要结合施工方案、具有针对性。

（2）高处作业安全管理。

高处作业人员必须使用双挂钩安全带，每周进行血压检测，如血压不符合登高标准，停止高处作业。血压再次检测符合标准时才能进行高处作业，每次血压检测由项目医务站留存记录。

（3）受限空间作业安全管理。

受限空间作业严格执行《受限空间管理程序》，必须由安全技师经过现场确认并出具 PET（作业准入证明）和密闭空间作业出入管理表，必须填入每个作业人员的名称和岗位，并由监护人员随身携带，人员出入必须进行登记，作业过程中在密闭空间人孔门处必须有监护人员，密闭空间作业人员和监护人员必须经过不少于 16 小时的培训并获得资格证书，监督人员必须经过 NR33 专属的不少于 40 小时的监督员专项培训后，并获得监督员的资格证书。

（4）消防安全管理。

加强消防安全管理。施工现场动火作业必须办理动火作业票，做好防火措施（配备灭火器，清理周围可燃易燃物，使用接火盘、防火毯，做好防火隔离围挡），并派专人监火，动火作业执行一、二级动火作业票，重点防火区域动火作业动火作业必须经现场安全确认并允许后，办理一级动火作业票，方可动火，项目部定期对重点防火部位进行更新、公示；制定现场消防重点部位及责任人分工表，明确班组负责人、区域负责人、消防监督人、分管领导的消防职责。

随着各项施工的进行项目的防火工作愈发重要，项目部研讨制作《项目现场火灾风险辨识及预控表》和《项目现场消防安全重点区域日常检查表》，并下发《MEM-BPXM-18-45 关于下发重点防火部位火灾风险辨识及每天检查的通知》，落实到各重点防火部位责任班组长，进行火灾风险的辨识、张贴、检查、防控，并每周督查执行情况。

（5）起重吊装安全管理。

1）风速达到及超过 11.67m/s 时，严禁室外起重吊装作业。

2）配置起重吊装专职安全技师，进行吊装的风险评估、安全条件检查、作业释放。

3）对于普通吊装作业，需要准备普通吊装计划和吊装检查清单。

4）对于以下高风险吊装作业需要起重吊装计划 Plano de Rigging（机械工程师编制）、吊装 Checklist 计划、APNR（风险程度预先分析）、APT（作业风险预防性分析）、场地准备、吊装监管人到位、设备和操作人员吊装前安全检查等条件具备。经安全技师检查确认释放后方可进行作业：

如在设备的作业半径内吊物加上辅具总重量超过设备载荷的 85%；

需要两台吊车同时抬吊，由第三台车进行调平翻身；

需要使用"超起"装置来增加设备的负载能力，如辅助轨道，配重或额外的臂杠等；

吊物转杆区域内有其他安装作业、带电电缆、回填作业，建筑物；

吊物超过 15t，或吊物体积过大、形状不规则的（如高压容器，或需要专业工程师进行计算的等）。

（6）自制工器具管理。

现场自制工器具、临时支撑物均须 ART 注册，先由专业技术员进行初步设计和数据计算，得到机械工程师认可后，再提交甲方设计工程师认可后进行 ART 注册，方可使用。

（7）危险因素辨识与控制管理。

深入落实风险预控责任化。推行中方与所在国方的国别结合的双重风险预控，即重大危险因素辨识与属地 APT、APNR 相结合；针对施工项目制定 check-list，并根据 check-list 进行检查，确保各项安全保障工作落实到位；每周进行制约安全管理因素的辨识分析，制定措施并严格执行。

（8）脚手架安全管理。

脚手架搭设由属地工程师进行设计，属地架工进行搭设，中国员工严禁搭设和拆除脚手架。属地脚手架上脚手板和踢脚板都是用扣件压牢，不使用铁丝绑扎，但是用扣件压牢脚手板和踢脚板的做法有缺陷，容易松动，要经常进行检查完善。

（9）自然风险应对。

提前应对自然风险。项目所处地段较为空旷，常有大风天气，项目部与专业天气预警机构建立联系，提前得到天气信息，如有恶劣天气，预警机构提前发放雷电预警，并说明预警等级及时间段，能让项目提前做好应对措施，保障恶劣天气期间人员和安全及设备的防护。

（10）劳工部检查总结。

在劳工部检查之前，在焊接作业过程中，要正确穿戴防护手套、皮围裙、护膝、脚盖、防护眼镜、电焊面罩等焊接专用防护用品，可以满足属地的安全规定，其中在项目初期安全技师不同意使用手持面罩，之后便全部使用 C.A. 认证的头戴式焊接面罩；但是通过劳工部的检查发现，忽视了一个重要的防护用品——防毒口罩。

结合 2018 年 5 月 8 日属地劳工部对现场检查提出的安全方面的要求，焊接作业施工前，应对焊接种类及相应的风险进行分类，编制呼吸保护计划（PPR）并对焊工进行呼吸保护计划的培训，使每名焊工能够了解不同焊接种类和焊材对人体的危害，并且能够正确使用防护用品（例如滤芯为 2078 或 2097 的口罩）。除了正确佩戴防毒口罩之外，还需要做到如下工作：

根据以下两条编制适合该项目的呼吸保护计划。

a. 现场所有使用焊材的化学品危险说明书（MSDS 或 FISPQS），由焊材生产厂家提供，在采购的不同种类的焊材时需要向厂家索要 MSDS 或 FISPQS。

b. 需要对不同种类的焊接类型和不同种类的焊材进行现场焊接，检测焊接过程中施工环境（聘请属地专业公司进行检测并出具施工环境检测报告 LTCAT）。

焊接作业前需要属地安全工程师或技师编制环境风险预防计划（PPRA）。

PPRA 编制完成后，需要提交医生，让医生编制职业健康控制计划（PCMSO）。

焊工的职业健康证明 ASO（体检报告），在焊工入场工作前需要进行，满半年需要复检一次（检查听力），满一年需要重新体检。

在呼吸保护计划完成后，需要对焊工进行培训（8 小时）。

现场非密闭空间焊接作业必须使用的滤芯类型为 2078（或 2097）的防毒口罩，密封空间焊接必须使用滤芯类型为 2097 的防毒口罩；滤芯要定期进行更换，并做好更换和发放记录，滤芯一般情况下 7~15 天更换一次，没有明确说明更换间隔时间，具体根据施工环境的焊接烟雾大小和滤芯的损坏程度进行更换。

对于受限空间的焊接作业，还需要编制通风设计方案以确定风机的数量和位置。

现场焊接过程中还需要将焊材的化学品危险说明书（MSDS 或 FISPQS）在焊材的使用位置进行张贴。

7.3.7　信息管理

建立网络安全管理群。该项目 HSE 建立 QQ、微信、WHATSAPP 安全专用群，利用网络资源，将项目各级安全管理人员、分包商安全管理人员纳入群内，以便现场安全管理问题及时告知、整改、跟踪、反馈；对现场作业中的重大事项，启用项目专用邮箱进行发送。

项目部周、月会议按照项目《安全会议管理程序》要求执行，形成周、月报安排专人及时上传一体化平台。

7.3.8 安全检查

按照项目《安全检查管理程序》中安全四个责任体系及五大管理网络管理要求，项目形成周、月度安全检查制度。检查整改通知单及反馈情况及时上传一体化平台。

安全考核及其奖励。根据各专业/班组月度安全考核指标完成情况进行分数量值化确定，包含安全会议、安全检查、应急演练、安全培训、安全事故、现场安全文明施工管理等细则进行，形成月度安全之星评比的依据，并按此进行奖励。

7.3.9 应急管理

项目部按照公司规定定时开展危险源辨识与风险评估，编制突发事件应急专项预案和现场处置方案，项目部设立应急指挥中心小组。

组长：项目经理。

副组长：项目书记、总工、生产经理。

成员：各管理部室及子分公司负责人。

应急团队：按照PCMSO（职业健康与卫生控制计划）要求和项目职业健康管理需要，项目部设置救护站，配备救护车一辆，劳工医生两名，救护车司机两名，护士四名，合理安排，全天均有救护人员，设立急救对讲机频道。属地救护团队比较专业，定期进行救援培训和演练

据实实施应急演练计划（见表7-5），切实提高项目部应急能力建设。

表 7-5 应急演练表

序号	名称	主责部门	频率
1	火灾事故应急演练	HSE 部	每季度一次
2	机械防风防碰撞应急演练	HSE 部、机械公司	每半年一次
3	防洪应急演练	工程管理部	每半年一次

序号	名称	主责部门	频率
4	触电事故应急演练	电力工程公司	每季度一次
5	防恐防暴应急演练	综合部	每半年一次
6	高处作业自救应急演练	HSE 部	每季度一次
7	应急疏散演练	综合部	每季度一次

7.3.10　安全文明施工管理

具体参照项目部内部编写的《安全文明施工策划》落实执行。

项目划分现场文明施工责任区，制定文明施工标准，要求各专业 / 区域负责人按标准做好文明施工工作，组织各区域文明施工评比活动，推动了安全文明施工工作。安全文明施工责任区域划分及责任人见表 7-6。

表 7-6　　　　　　　　　安全文明施工责任区域划分及责任人

部门	施工区域	负责人
热机	汽机房、汽机房南侧至 F4 边坡上、吊物孔	…
热机	综合管架	
热机	锅炉、炉左、炉右	…
热机	启动锅炉房	
热机	燃油区域	
热机	煤仓间及煤仓间至 F4 边坡	…
热机	雨水沉淀池	
热机	石灰石粉仓	…
热机	含煤废水	
热机	脱硫吸收塔	
热机	原烟道、净烟道	…
热机	脱硫工艺楼	
热机	空压机房	…

续表

部门	施工区域	负责人
热机	引风机	
热机	电除尘、电除尘西侧道路、电除尘南侧至 F4 边坡	…
热机	灰库及灰库南侧至道路	
热机	前后烟道	
热机	全场脚手架	…
热机	全场保温	…
电控	各电子间及电子间周围 2m 范围内	…
电控	A 排外、主变压器及启动备用变压器	
电控	电缆桥架	…
电控	全场电源盘	
建筑	烟囱区域	
建筑	附属钢结构	
建筑	全场压型板	…
建筑	输煤综合楼	
建筑	石灰石棚	
建筑	全场通风空调	
建筑	全场封闭	…
建筑	全场二次灌浆	
机械	输煤栈桥	
机械	碎煤机室	
机械	地下煤斗	
机械	除铁间	
机械	现场吊车区域	…
机械	1 号转运站	
机械	0 号带栈桥	
机械	1 号带栈桥	
机械	2 号带栈桥	
焊接	全场焊机、焊线、焊渣	…

第 8 章　质量管理

8.1　质量管理总体要求

（1）该项目建立质量管理体系，编制质量管理程序，各级人员严格按照程序进行质量管理工作。

（2）该项目针对合同要求，确定施工质量目标，编制总体质量计划。

（3）该项目建立健全质量管理四个责任体系网络，各体系责任人履行质量管理职责。同时监督分包商按质量管理体系的要求建立覆盖全过程的质量管理网络，组织制定施工阶段的所有检验计划和程序并执行。特别是重点质量验收项目的验收管理，并严格履行质量验收程序。

（4）项目部严格按照质量标准参与检查质量检验项目，对质量控制过程中不符合质量程序要求的地方进行改正。并对不合格的项目，要求分包商暂停或返工要求分包商。

8.2　质量管理措施

为认真贯彻执行各项质量管理制度，进一步完善质量管理措施，加大质量管理力度，使项目施工质量管理工作再上新台阶，全面完成既定质量目标，项目施工质量管理的控制要点及措施如下：

（1）制定切实可行的培训计划，提高职工综合素质。组织职工进行质量意识教育，使职工认识到"质量是企业的生命"的观念。

（2）组织全员进行质保体系及程序培训。使每位职工对质量保证的每个环节都有一定的认识，并严格按程序工作，使质量管理每个环节处于受控在控状态。对于管理人员、技术人员及班组长尤其要加大此方面的培训力度。

（3）强化合同意识，组织班组长以上管理人员对合同条款进行学习，保证施工活动符合合同要求。

（4）严格按合同办事。根据合同要求和具体施工项目，编制可操作性强的作业施工方案，在项目开工前进行详细的交底，使每个施工人员对工程项目清楚明白，真正起到指导工程施工的作用。

（5）组织全员进行《专业工作标准》培训，使每位职工都清楚所从事工作的质量控制指标及标准。

（6）强化和提高全员技术管理水平。尤其班组长和管理人员，能够较快明白设计意图及其说明含义，对所表达意思不清楚或搞不明白的，在使用前必须彻底搞清楚方可指导施工。

（7）经常开展岗位练兵、技术比武等技能比赛，加强职工实际操作能力。

（8）针对质量目标，制定出详细可行的实施细则，并且在施工中将该细则落到实处，加强检查与监督。彻底消除质量通病，完善质量管理，使质量工作再上一个新台阶。

（9）工程施工严格执行分级验收制度，按合同确定的规范标准组织验收。

（10）按规定对质量体系活动和工程施工检验过程进行记录，确保质量记录能准确清楚地反映质量情况。

（11）落实施工质量责任制。根据安装图纸、技术要求及公司、专业公司文件规定，对施工人员落实责任制，确保每个施工人员按照既定的责任来负责。

（12）为了确保质量管理体系有效运转，贯彻执行质量管理程序的要求，部门主任为部门质量第一责任者，下设专职质检员一名，具体负责本部门施工项目的质量监督和检查，组织项目二级验收，提供详实的质量记录，参加项目工地组织的三级及以上项目的验收，对专业施工中发现的质量问题和不符合项进行跟踪控制，直至整改关闭。各专责工程师配合专职质检员工作，并提供必要的技术支持。同时，要求每个施工班组设兼职质检员一人，是班组的质量第一责任者，具体负责本班组施工项目的质量监督和检查，组织项目的一级验收（自检），提供详实的质量记录，参加部门及工地组织的二级及以上项目的验收。

8.3　质量管理经验

项目开工以来，根据公司标准化体系建设要求和本项目的实际情况，积极推进公司标准化体系建设相关工作，完善质量体系建设。共编制与质量相关的程序文件 18 个，随着工程的深入展开，已升版 11 个，发布与质量相关的备忘录 6 个，制定了项目部年度质量目标，并组织各二级单位开展了质量管理标准的学习和宣贯工作。把文字描述性的规定，以项目管理流程图为载体，整合到程序文件中。以程序文件为抓手，制定管理计划，加强执行力建设，严格监督审核，改进提升项目质量管理。

8.3.1　有效运行的质量管理体系

质量体系运行的有效性与员工的质量意识和能力密不可分，若要提升质量意识加强质量管理水平，就要抓好质量管理培训。质量管理培训内容由质量意识、质量知识和质量技能培训组成，一个要求不断提高的纵向过程；由此可见，质量教育培训贯穿于全面质量管理的所有人员和所有与质量相关的过程，质量培训的重要性显而易见。项目伊始，项目部高度重视现场人员的相关培训，努力提升员工素质，为项目质量管控工作提供保障。

该项目为国际高端项目，项目管理不仅是企业文化之间的融合，更具有国家间和多个民族间文化的融合。鉴于项目的特殊性，与属地分包商的有效沟通，是企业管理和人际关系维护的重要技能，更是提高工效的一种重要手段。项目工程管理部积极组织各属地分包商进行座谈及各种交流，为项目管理、质量提升奠定基础。

8.3.2　强化施工过程质量控制，提高工程质量

现场所有合金钢金属材料及部件在组装前进行全面材质复查，确认材质是否符合设计要求，并在明显部位做出标记；合金钢部件（包括锅炉受热面，尤其是锅炉疏水、放气管道、汽轮机中低压管道等）组装后应进行二次复核，对检验标记不清的部件必须重新进行检测，杜绝了材料错用带来的质量隐患。

为解决属地员工施工经验不足、对质量工艺要求不熟悉、与中方员工有语言障碍等困难，项目部结合国际标准和公司专业标准要求，实施"质量工艺小卡片"制度，将工艺纪律、标准要求和需强制性执行的规定压缩成一张小卡片，翻译成对应国家语言，发放给每一位员工随身携带，通过培训来加深其对质量工艺的理解与执行。并根据工程进度不断更新，现场质量通病逐渐减少的实践结果也验证了"质量工艺小卡片"制度发挥的巨大作用。

依据质量管理 PDCA 循环理论，项目部超前策划，结合其他项目施工经验，从人、机、料、法、环等环节进行预测把控，形成《项目管理策划书》《项目质量管理策划方案》，对项目成品防护、施工亮点和预防质量通病进行策划，经论证后发布实施。在实施过程中各级质量管理人员进行对比、检查、验证，依托多种形式的专题会议提出纠正要求和措施，进而严格执行，逐渐形成适应项目质量管控的完整体系，实现了项目实体质量的不断改进。

项目部举办多种形式的活动，营造争优创优的浓厚质量氛围，项目部举行"大力提升质量，建设质量强企"质量月活动启动仪式，普及质量知识，不断夯实质量基础，狠抓责任落实，践行质量主体责任，全面提升施工质量，确保项目内在质量和观感质量一次成优。

为促进现场质量、技术管理水平的持续提高，突出示范效应，以点带面，积极推进月度质量明星、技术明星评选工作。并对评选标准及方式进行了优化，制定出明星推荐表及推荐办法。推荐原则以在质量管理及技术创新方面有较突出贡献的一线班组施工骨干为主，对评选出的技术、质量明星张榜公示，大力宣传，对推动项目质量提升起到积极作用。

实行质量禁令制度。为提高属地员工的质量红线意识，项目将公司质量管理经验与项目典型质量要求相结合，组织编制了质量管理禁令。并以小卡片的形式分发到每位属地施工人员，组织培训学习，进一步提升质量管理深度和力度。

实行焊接质量验收卡制度。属地验收人员严格验收焊接每道工序，焊缝外观验收，不论焊缝重要与否，对每道焊缝都严格按照标准进行目视验收（手电照明），不放过任何表露缺陷。项目结合 ASME 标准及属地焊接验收要求，制定焊接质量验收卡制度，从焊前组对、焊接过程控制、焊后验收等各个环节，为焊接质量保驾护航。

8.4　NCR 管理

业主对 NCR 的整改有特殊要求，并不是将所发现问题解决后，就能关闭。NCR 有部分是要在和这个 NCR 相关的所有工作都完成后，确保都没有问题，才予以关闭相应的 NCR，导致 NCR 关闭的时间过长。

对 NCR 的关闭，建议雇佣属地工程师专门关闭 NCR，加强与业主沟通。

项目部定期对 NCR 情况进行梳理，根据关闭 NCR 的难易程度，分为短期能关、长期能关、需高层协调等，并组织制定关闭计划，每周跟踪梳理，督促关闭。

8.5　质量通病防治

为保证现场施工质量，争取一次成优，优化了现场质量检查模式。将以前的各专业统一集合的周（月）全现场质量大检查，改为分专业、分区域的定点检查，增加频次，更具专业性，效果更好。

根据现场实际情况，对项目部周质量例会模式进行了调整，质量例会力争开出实效，尽可能简短，对现场质量管理工作具有指导意义。

要求各专业质检员加强现场质量管理，对所属范围内的质量通病、验收情况等充分了解、掌握。

要求各质检员每周三上午下班前报质量周报，具体内容包括但不限于以下内容：本专业本周质量亮点照片、缺点照片（各不少于 5 张，缺点照片下周需提供整改后照片），本周质量总结、下周质量管控重点、NCR 关闭情况、设备缺陷处理情况等。之所以提出这些要求，就是为要质检员必须深入了解现场，掌控现场质量情况，督促各质检员积极开展工作。

每周质量例会前，要求各专业汇报情况做成 PPT 格式文件，工程管理部汇总，在周四质量例会上播放点评，所有质检员和各专业主管质量的负责人及属地方协作单位质量负责人参加。同时邀请总包 QC 人员参会。会上，由工程部对各专业质量工作进行总结，并根据现场施工情况提出相应要求。

对月度质量例会形式也进行了相应调整，不再单独召开月度质量分析会，而是在每月末的周例会后，对一个月的质量总结，简化了形式，提高了效率。

通过调整质量例会模式，并经过一段时间试行，反映良好，效果显著，确实起到会议应得效果。

随着项目的全面展开，要保证现场质量可控在控，必须确保项目质量管理四个体系有效运转，提高效率。如何确保是质量管理监督体系的首要任务，项目工程管理部理顺了各项管理程序，深入了解和积极发现执行过程中出现的新问题，尽早发现，及时解决。对现场发现的质量问题，深入追踪，查发生原因，定整改方案，跟踪整改完善，制定并优化防范措施。有效地保证了工程实体质量。

8.6 专业标准推广

各专业严格践行"均衡绿色施工、创建双优工程"项目执行理念，执行质量管理"七步走"的规定模式。项目部组织编制专业标准推广总结，并提交总部。

（1）事前策划。

针对公司下发"2018 备忘 88 号（关于开展'专业标准培训及考试'活动的通知）"制定《专业标准培训及考试方案》。

（2）样板引路。

在保温工作开展前组织制作设备封头样板，把工艺、工作标准展示在样板中，在后续施工中效仿。

高、低压加热器放水放气管道集中布置，首先制作完成 1 台，各级检查通过、业主认可后施工。

在仪表管安装前组织进行弯制培训，把工艺、工作标准展示在样板中。

变送器仪表架，首先制作完成样品，各级检查通过业主认可后进行后续施工。

（3）专业管理。

按照成立的锅炉专业组、汽机专业组、防保专业组、脱硫专业组、化水专业组、电气专业组、热控专业组，各组定期组织现场检查，安排布置工艺质量要求和专业工作标准，及时解决存在的问题和协调资源配置。

根据施工进度组织专业标准培训，使专业标准学习内容及时在工作过程中实施。

（4）过程控制。

组织月度质量检查，发现问题下发质量问题通知单及时纠偏。

工程部、总包对现场施工工艺质量工作标准执行情况进行检查。

组织月度质量检查，发现问题下发质量问题通知单及时纠偏。

项目部、业主对现场施工工艺质量工作标准执行情况进行检查。

利用站班会时间进行专业标准学习。

全面开展工作标准实施和专项检查，依据工作标准对检查到的问题及时整改。

（5）QC 攻关。

针对成立的"绿色动力 QC 小组、项目烟囱钢内筒攻关 QC 小组"，定期组织小组成员进行活动，获得公司 2018 年度一等奖 2 个、二等奖 2 个。

（6）技术创新。

小口径管道安装在地面放样弯制扇形管，放水集管预制完成后安装，既提高工艺质量又提高了工效。

转动设备安装找正严格按照 ASME 标准要求，电机进行负荷分配试验，保证电机四角接合面平实无应力，确保转动设备运转平稳。

（7）成品保护。

为防止管道踩踏制作过桥保护。制作"成品保护宣传牌"，发放到每位施工人员，提醒时刻牢记成品保护。

8.7 科技管理

科技成果获奖情况统计表见表 8-1。

表 8-1　　　　　　　　　　　科技成果获奖情况统计表

焊接	绿色动力 QC 小组	提高烟囱钢内筒的焊接效率	一等奖
焊接	绿色动力 QC 小组	提高受热面销钉的焊接热处理质量	一等奖
焊接	绿色动力 QC 小组	降低 GR91 高合金耐热钢膜式管屏密封裂纹及变形率	一等奖
建筑	该项目烟囱钢内筒攻关 QC 小组	烟囱钢内筒变轨运送装置设计技术研究与应用	二等奖

第9章　沟通管理

9.1　内外部关系

项目各参与方的沟通协调。主要是组织好项目的实施，与业主、总包、属地施工方、设备厂家、材料供应商、调试单位等关系协调。火电项目施工参与方多，需协调沟通事也非常繁多。作为项目施工主要组织者，根据施工计划、合同工期，统一指挥、协调各参与方，最终配合完成工期目标。

该项目采用月协调会，完成需多方协调管理主要工作。主要负责人直面沟通，提升效率；根据现场事宜急缓组织专题协调会、每日碰头会，解决专项及具体协调；通过工程联系单、邮件通知等形式畅通信息，保障协调的有效落实。

施工中出现的各种技术衔接问题。尤其是安装、工序交接、工艺标准等出现较多问题。项目部有针对性的组织业主、总包方及相关部门组织专题会、交底会，进行双语讲解，加强沟通，增进理解，保证各方协调到位。

另一项沟通协调是外部相关方的协调。该项目外部协调，针对属地劳工部、环境部门及当地政府、农场等相关方的协调。与劳工部协调中方管理人员及技术人员的合法签证，在属地工作的工作范围及享受的社会福利；与环境部门沟通施工作业过程中的环保标准，制定措施，保障施工合法合规；与当地政府协调安全、卫生、消防、医疗等事宜。在所属国建设工程能否顺利实施尤其要注意与对项目周边环境的影响，做好与建设场地周边农场主等协调沟通工作。项目施工时注意减少对周边环境的影响，如噪声、排污、道路堵塞等，避免施工进展受到影响，形成索赔。

9.2 沟通方式

项目部成立以后，主要与属地各级劳工部建立沟通（属地劳工部、州劳工部、市劳工部），根据属地劳工法的变更及司法部取缔劳工部等组织机构变更，使用调整法律法规的变化，在此过程中借助属地最大签证代理公司的优势资源，获取移民政策的倾斜，保障中方员工合法合规在属地工作。

针对所属地域的公共关系，项目主要与能源系统部门、市政府、卫生部门、联邦警局、税务局、邮局、宣传媒介等保持长期沟通合作关系，保障政策导向。

9.3 公共关系和社会责任

9.3.1 公共关系定位

公共关系为企业的发展提供了便利。该公司在南美区域的拓展，注重内外部公共关系协调处理。

内部公共关系可以协调项目多方环境关系，如各部室、专业之间的关系、上下级关系、同事之间的关系，为该项目内部创造良好的环境氛围；外部公共关系可以帮助项目执行过程中处理好与业主、总包、政府、属地媒体、所在社区等各种公共关系，使企业在所属国在市场开发、项目履约、技术传播、社会贡献等方面，保持平稳、和谐，促使其在各方面顺利发展，实现其最终目标任务。

9.3.2 社会责任定位

社会责任是项目执行过程中的重要工作之一，有利于提高企业在当地的被认可度，有利于企业的可持续发展。项目在属地的公益事业方面有较突出表现，在履约过程中，与其他企业共同资助学校修葺校舍，捐赠书籍，帮助困难职工，多渠道搞捐助，真正做到履行社会责任，关心关爱企业员工。

第 10 章　风险管控

10.1　风险管理概况

商务风险是指项目实施过程中可能发生的影响项目合同工期、性能、成本目标等经营效果目标实现的不确定事件。

10.1.1　项目风险基本概况

该项目属于欧美高端项目，设计标准高、审查要求严格；设备制造标准高、过程控制严；施工条件要求高、质量验收严，工程进度、成本控制难度较大，项目主合同履约风险较大。

10.1.2　成立风险评估小组

工程前期项目部成立了风险评估小组，小组负责对项目各部室及专业工程公司提交的各项风险及应对方案进行评审，确定最终的风险等级。并对等级达到"中"以上的风险或者突发风险及时分析，对应对措施及时评判，确定风险应对方案。

10.1.3　风险动态管理

（1）项目各管理部门及专业工程公司在月度末将风险清单或项目风险评估管理报告及相应的支持性材料提交商务合同部。经项目风险评估小组评审后，反馈给各管理部门及专业工程公司。各管理部门及专业工程公司对职责范围内的风险状态持续跟踪，在采取防范措施或应对方案后，动态更新风险等级。

（2）在项目执行过程中，各管理部门及专业工程公司发现新的风险或者风险转化迹象后应及时组织内部分析，确定风险类别和等级，制定应对措施。

（3）发生风险等级达到"极高"的突发事件后，执行公司突发事件应急管理的相关要求。

（4）项目商务合同部负责将项目风险处理情况以项目风险评估管理报告的形式每季度提交公司商务合同部备案。

10.2 风险管理职能分工

商务合同部是项目商务风险归口管理部门。负责制定商务风险管理制度，定期收集、汇总各部门和子分公司编制的商务风险清单和重大商务风险分析报告；负责组织重大商务风险评审，督促责任部门落实重大商务风险应对措施；负责对项目所属各部门的商务风险管控情况进行检查、考核。负责项目业务管控一体化平台商务风险管理模块的建设和维护。

各部门是项目部商务风险管理的责任主体。负责具体识别、分析本部门商务风险，编制商务风险清单，负责编制本部门重大商务风险分析报告；负责风险应对方案的实施。

10.3 中等以上风险的应对措施

在制定风险应对措施的过程中，评估各种风险应对措施的成本与降低风险发生可能性和影响程度所带来的收益，针对中等以上风险选择一种或几种合理的风险应对策略。

风险应对策略包括以下四种：

（1）风险规避：风险规避是指对超出风险承受度的风险，通过放弃或者停止与该风险相关的业务活动以避免或减轻损失的策略。采用该策略回避一种风险的同时可能会产生另一种新的风险，而且回避风险的同时也失去了从风险中获益的可能。

（2）风险转移：风险转移是指通过合同的约定将风险的后果转移给第三方的策略。风险转移方式主要有两种：一是通过分包等协议转移给第三方；二是支出一定费用，通过投保转移风险，这是最主要的转移方式。

（3）风险减轻：风险减轻是指在权衡成本效益之后，通过采取适当的控制措施降低风险发生的可能性或减小风险影响程度，将风险控制在承受范围之内的策略。

（4）风险自留：风险自留是指对风险承受范围之内的风险，在权衡成本效益之后，保持现有内控力度不放松，不采取额外控制措施的策略。采用该种策略应预先制定损失的支付计划。

10.4　重大商务风险应对措施

（1）编制重大商务风险分析报告，主要内容包括：

1）项目基本情况。如项目名称、业主简介、项目主要内容、项目资金来源、合同签订时间、签约金额、工期要求等。

2）重大风险要素。说明重大商务风险产生的原因、时间、目前的状态、风险发生对项目的影响程度及详细的测算过程、对该重大商务风险未来发展趋势的判断等。

3）重大风险应对措施和事后预案。针对重大风险要素，结合项目实际情况，逐一提出具有可操作性的应对措施，确定措施实施的责任部门和责任人，同时制定事后应急预案，做好风险发生后的应急准备。

（2）重大商务风险分析报告经部门负责人审核后，提交商务合同部。项目实施过程中的突发重大商务事件或新识别的重大商务风险，各部门在事件发生后或重大商务风险识别后 48 小时之内，将重大商务风险分析报告提交商务合同部。

（3）商务合同部负责组织项目各部门对商务风险等级评估过程进行审核。

对于未能达到重大商务风险条件的，将作为一般商务风险处理；对于最终确定的重大商务风险，商务合同部组织相关部门对风险应对方案进行评审，汇总整理评审意见，报项目分管领导审核后反馈至责任部门。责任部门严格执行项目确定的风险应对方案，逐步降低风险等级。

（4）商务合同部应动态跟踪重大商务风险变化，每月 10 日前将重大商务风险的最新状态报总部商务合同部备案，确保公司及时掌握风险动态。

（5）商务合同部组织各部门对重大商务风险应对提供指导和支持，直至重大商务风险事件处理完毕。在重大商务风险事件处理完毕后，编制专项报告，报告内容包括风险发生的原因分析、风险造成的损失统计、风险应对措施的合理性分析以及管理提升的建议等，并上传至公司业务管控一体化平台。

（6）经验反馈：

1）针对项目风险特点，在项目部的领导下，商务合同牵头超前策划，注重过程管理，将风险控制在萌芽之中。建立了合同事件传递单制度，将合同执行过程中发生的对合同履约产生较大影响的事件及时固化，将相关资料存档备查。

2）建立商务双周例会制度。项目各部门商务网络管理人员参加，将合同执行中的各类风险及时提出，按照 10.3 节中内容采取的应对措施，降低项目风险，正确履行合同。

3）结合项目实际执行情况，编制风险清单模板，为后期公司在属地区域执行新的项目提供参考。

第 11 章　物资管理

11.1　物资采购

11.1.1　总体采购情况

该项目设备材料总量预估 5.2 万 t，实际 5.15 万 t，共计 14706 件。

运输方式为：19 批散货船，115 批次集装箱船和 116 批次空运。

散货船运输从 2016 年 1 月 10 日开始，到 2018 年 6 月 21 日结束；集装箱运输至 2018 年 11 月 30 日结束。

项目设备材料大部分来自中国国内，部分设备材料来自第三国；部分工器具、耗材在当地采购。

主要设备名称及供应商见表 11-1。

表 11-1　　　　　　　　　　主要设备名称及供应商列表

设备名称	供应商
锅炉成套设备	东方电气集团东方锅炉股份有限公司
汽轮发电机组	Siemens AG
电袋复合式除尘器	浙江菲达环保科技股份有限公司
高压加热器	东方电气集团东方锅炉股份有限公司
凝汽器和低压加热器	哈尔滨汽轮机厂辅机工程有限公司
高压流化风机	武汉格瑞拓机械有限公司
除氧器	东方电气集团东方锅炉股份有限公司
给水泵汽轮机	杭州汽轮机股份有限公司

设备名称	供应商
引风机	豪顿华工程有限公司
一次风机	豪顿华工程有限公司
二次风机	豪顿华工程有限公司
凝结水泵	苏州苏尔寿泵业有限公司
给水泵组	苏州苏尔寿泵业有限公司
主变压器	重庆 ABB 变压器有限公司
高压启动备用变压器	重庆 ABB 变压器有限公司

11.1.2　项目境内物资采购管理

境内供应商主要来源：① 项目周边城市。物资种类及数量较少。② 所在国工业中心城市（距离项目约 2000km），供货周期长，且难以控制。有如下特点：

（1）卖方市场：属地市场资源匮乏，是一个卖方市场的国家。项目初期，多数供货商不送货上门，也没有物资价格优惠。经过长时间的业务往来，彼此信任度逐渐提升，并适应相互的工作节奏，将采购物资及时地运抵现场，满足了工程进展的需求。

（2）订单采购：订货普遍采用提前下订单的方式，供货周期有时得不到有效的保证，存在延期交货的现象；供货厂家即使有现货也无法提供，因为都是根据客户的订单准备的，几乎没有库存，即使买方增加采购的费用，也不容易提前收到采购物资。

（3）油漆采买国际知名品牌 JOTUN，一定程度上增加了材料采购的成本。

（4）相比国内，当地的工器具采购价格较高，而修理费更高；如果从国内采购工器具，需要考虑准备充足的维修零件，否则从国内采购并不合算。

（5）当地供应商的质量意识普遍较强，采购的物资一旦出现材料质量方面的问题，会主动配合退换。

（6）货款延期支付的风险较大。供应商注重客户的信用，如果货款未在约定的时间内支付，公司将可能进入社会信用系统黑名单，对后续的采购产生非常不利的影响。

（7）常用供应商清单见表 11-2。

表 11-2　　　　　　　　　　　　当地常用供应商清单

	类别	所在地
Real Center	电器类	Porto Alegre
Plenobras	电器类	Porto Alegre
Emetec	电器类	Pelotas
Excel Suprimentos	电器类	Porto Alegre
Elétrica Neblina	电器类，电缆	São Paulo-SP
CABELAUTO	电缆	Itajubá-MG
CONDUSPAR	电缆	Porto Alegre
Cordeiro Cabos eletricos S.A	电缆	Porto Alegre-RS
Porto Alegre	材料加工	Everton Alves
Sérgio Barbieri & Filho Ltda.	材料加工	Bagé-RS
Voestalpine Böhler Welding Soldas do Brasil Ltda	焊接材料及工具	Porto Alegre-RS
Soldas Brasil Comercial Importadora Ltda.	焊接材料及工具	São Paulo-SP
Abrasser Ferramentas	焊接材料及工具	Cachoeirinha-RS
Alfa Ferramentas Comercio, Importação e Exportação Ltda	各种工具、电气材料、照明灯具，焊条，劳保用品	Canoas‑RS
FG-FERRAMENTAS GERAIS	各种工具、电气材料、照明灯具，焊条，劳保用品	Porto Alegre-RS
Irmãos Jouglard	各种工具、电气材料、照明灯具，焊条，劳保用品	Pelotas-RS
LF máquinas e ferramentas	各种工具、电气材料、照明灯具，焊条，劳保用品	Dois irmãos-RS
Alter Cruz Cia Ltda	耗材工器具代理	Rio Grande-RS

续表

	类别	所在地
Polyferramentas-POLYNAVE COM. E REP. LTDA	各类工具、劳保	Rio Grande-RS
FUSE / Tecnotextil	Pega chapas 钢板夹子 / 吊带 Cintas de elevação de cargaas	Porto Alegre-RS
IPH	吊带 Cinta elevação de carga; Pega chapas 钢板夹子; Cabo de aço 钢丝绳	Daniel
Astro Tecnologia	吊带 Cinta elevação de carga	Porto Alegre-RS
Columbus McKinnon	Pega chapas, dispositivos de elevação 钢板夹子, 提升装置	Porto Alegre-RS
SIVA Cabos de Aço	吊带 Cinta elevação de carga; Pega chapas 钢板夹子; Cabo de aço 钢丝绳	São Paulo-SP
TransitoBrasil	货运公司	Nova Santa Rita-RS
Kodex Express	货运公司—急务	Porto Alegre-RS
Importadora Americana	Chapas e vigas de aço, telhas galvalume 钢板, 槽钢, 压型钢板	Porto Alegre-RS
Comercial Gerdau	Chapas e Vigas de aço 钢板, 槽钢, 焊条	Pelotas-RS
Panatlântica	Chapa de aço 钢板	Gravataí-RS
PS Zamprogna	Chapa de aço 钢板	Canoas-RS
Aços Favorit Distribuidora Ltda	Aços especiais, Vigas de aço- 特殊钢材, 槽钢	Cachoeirinha-RS
Metalúrgica Fallgatter	Chapa de aço 钢板	Cachoeirinha-RS
Aço Riograndense Ltda	Vigas de aço 槽钢	Porto Alegre-RS
Arcelor Mittal	Chapas e Vigas de aço 钢板, 槽钢	Alvorada-RS
NEOLIDER COM IMP EXP ACOS LTDA	Tubos, chapa de aço 钢管, 钢板	Sao Bernardo do Campo SP
Aeroville Equipamentos Industriais	Exaustor Axial 排气风机	Joinville I SC
Luftmaxi-Controle e Conforto Ambiental	Exaustor Axial 排气风机	Joinville-SC
TecVent	Exaustor Axial 排气风机	Sumaré-SP
Axiar	Exaustor Axial 排气风机	SP

	类别	所在地
Sellet	Exaustor Axial 排气风机	Joinville–SC
http：//www.tech-air.com.br	Exaustor Axial 排气风机	São Paulo‐SP
Vitoria Quimica	Torofita 防腐系统	Valinhos
Betumat	Torofita 防腐系统	São Paulo–SP
Prometal EPIS-I.R Neutzling & CIA Ltda.	EPI 劳保用品	Pelotas–RS
M.R. Comérciode Máquinas Ferramentas Ltda.	EPI 劳保用品	Bagé–RS
Cenci & Cia Ltda	EPI 劳保用品	Rio Grande–RS
ROAN	EPI 劳保用品	Canoas–RS
Distribuidora Gaúcha	EPI 劳保用品	Porto Alegre–RS
GRF Dessecantes	Dessecante Silica gel 干燥剂	Salto de Pirapora–SP
HP Parafusos	Parafusos 螺栓，五金工具、高强螺栓	Porto Alegre–RS
FUSOPAR PARAFUSOS	Parafusos 螺栓，五金工具、高强螺栓	Porto Alegre–RS
Construsinos Ind Com Artefatos de Cimento	Tubos de Concreto 混凝土管道	São Leopoldo–RS

11.2 运输及清关管理

全程物流工作项目前期分包给中国一家物流公司。后来境内运输又与当地境内一家物流公司重新签订了合同。当地公司负责境内运输及卸车工作，境外运输仍然由中国公司负责。

整个项目建设期间，当地物流公司严格按照合同约定，提供了良好的服务，安全有序将所有设备材料运抵现场。该分包商无论从机械配置上还是从运输经验上都达到了较高的水平。

属地进口清关的基本流程为：

船舶抵港卸货→港务局货量/货损确认→农业局卫生/检疫查验→货物进口申报→关税评估支付→海关文件/设备查验→清关结束放行。

在海关查验环节，属地国实行"通道政策"，即根据进口货物的申报信息和进口方的历史记录将进口货物归入不同的通道，按照绿色、黄色、红色三种通道进行分类处理。

绿色通道即报关货物可以全部免检，自动通关；黄色通道则需检查报关文件，若文件准确无误，货物可以通关，若文件存在问题，需要查验货物；红色通道则需同时检查报关文件和货物，在确保文件和货物都如实申报时方能通关。

属地的海关事务包括海关政策的制定、关税的征收以及监管制度的实施等均由财政部下属的联邦税务总局具体负责。与其他国家不同，海关在属地不是一个独立的职能部门，而是隶属于"税务局"（Recita Federal）的一个机构，货物的进口申报、完税、查验、放行等工作，由税务局统一归口管理。

根据联邦税务总局的海关条例，所有货物的报关程序，均需通过属地外贸网络系统（SISCOMEX）进行。货物申报单在该网立案之日起即为报关程序的开始，该网正式通知货物通关授权之日起即为申报程序的完成。

11.3　物资仓储维护管理

11.3.1　物资储存类型

根据到货物资的包装方式、产品特性等，国内供货物资储存类型为：

（1）露天存放；

（2）露天加盖篷布存放；

（3）露天搭棚遮阳；

（4）封闭库存放；

（5）恒温恒湿库存放及危化品仓库存放。

11.3.2　设备维护

（1）设备维护保养。

现场严格按照箱件上标明的存储等级进行存储。结合厂家提供的《设备维护保养手册》对仓储期间的所有设备进行维护保养。

仓储项目部编制了中英文对照版《设备维护保养清单一览表》，经过业主审批后，在内部进行培训。经各方沟通，确定每周一下午为"维护保养日"，并以正式邮件形式邀请业主机务工程师、电控工程师、质量工程师及甲方聘请的仓储专家、相关工程师参与我方的维护保养工作；通过微信、Whatsapp等交流软件上传维护保养照片。

每半个月组织一次质量、维护保养例会，以 PPT 的形式展示仓储项目部在设备维护保养方面的内容和成果，业主逐渐建立对我方的信任并委托仓储专家进行见证。

（2）包装物存放。

根据属地国环境法、环保署及环境技师要求，将 MB 熏蒸标记包装物的存放区域拉设围栏，对仓储区域内剩余所有木箱包装物进行确认，MB 熏蒸标志的单独喷漆处理，原则上不允许整箱发放，只能领用其中设备，领用完成后将铁钉、包角、塑料布等移除后存放在指定区域。

（3）危化品存放。

现场所有危化品，存放在危化品库，危化品库为半通风结构。

根据属地国的法律法规以及项目 HSE 要求，在危化品库存放相应类型的灭火器以及消防沙等。

变压器油为罐装存储，无法放入危化品库，经业主同意后放置在危化品库外面，并采取如下措施：底部加篷布，顶部盖篷布，在明显处张挂 MSDS、配备消防水池及消防土池（不能用沙，必须用土），为避免蚊虫滋生及消防土变成泥浆，用塑料布进行遮盖，配备消防器材及消防铁锹并加强巡视，在罐体下面放置接油盘，以免出现泄漏而污染环境。

（4）物资的仓储规划。

仓储场地包含：露天场地约 50000m²，室内仓储场地大约 4020m²，见表11-3。

表 11-3 物资仓储规划表

仓库名称	长（m）	宽（m）	面积（m²）	存储物资	性质	备注
A	40	15	600	锅炉本体、辅机、脱硫、灰水类	封闭库	
B	40	10	400	锅炉本体、辅机、脱硫、灰水类	棚库	
C	16	6	96	两年备品备件、开箱后盘柜	恒温恒湿库	
D	30.5	25	762.5	汽轮机本体、辅机、化水、全厂钢结构	封闭库	业主提供
	10	25	250	防护等级需入恒温库及盘柜的物资	恒温恒湿库	
E	64	25	1600	电气、热控、输煤、工器具	封闭库	
F	52	6	312	危险品	危化品库	

（5）物资库内管理。

仓储物流项目部按合同及采买地不同共分为4个专业，其中包括：

锅炉专业，主责锅炉本体、辅机、脱硫、灰水类物资；

汽轮机专业，主责汽轮机本体、辅机、化水、全厂钢结构类物资；

电控及 BOP 专业，主责电气、热控、输煤、工器具类物资；

材料专业，主责属地国境内采购类物资。

备品备件的领用及专用工具的借用需出具《备品备件/专用工具领用/借用申请单》。

随机备品备件、工建/调试类备品备件以及除西门子供货外的专用工具需项目专业公司、工程管理部、物资部、项目负责人及总包方工程部、采购部、项目负责人签字。

两年备品备件及西门子供货的专用工具还需业主签字。

领用人员提前根据施工单位技术人员出具《设备/材料领用单》到仓储办

公室按照合同号进行物资领用，其中要求领用单中箱件号、名称、规格类型、单位及领用数量等信息齐全，仓储项目部合同主责人员依据设备的到货、检验情况予以发放，做好记录，并出具《设备材料出门证》予以放行，门口保安根据《设备材料出门证》核实无误后方可放行，如有疑义需及时联系仓储相关人员；直接卸至施工现场的设备，卸车结束后需补办领料手续。

11.3.3　焊材管理

（1）焊材采购：依据材料技术规范（ASME 第 II 卷 C 篇）、焊接技术文件，向 SDEPCI 采购部提报采购计划单。

（2）焊材验收：焊材到货后进行验收，主要包括质量证明书、SFA 标识、AWS 级别号、生产厂家、尺寸规格、重量、包装等，验收合格后登记入库。

（3）焊材储存及发放：根据不同型号、批号分类储存，防止焊材混淆。配备柴油发电机，确保合适的储存条件。依照焊接材料制造厂要求进行烘焙。焊工凭班长或工头签发的"焊材领用单"领取焊材，焊工和焊材库管员仔细核对焊材型号及数量后在发放台账签字确认。

（4）焊接管理人员、焊接验收人员现场监督检查现场焊材使用情况，委托检测专业对合金钢焊缝进行光谱抽检。

11.4　设备物资 MQ 管理

项目执行《设备材料缺件、缺陷管理规定》，以开箱为分界线，开箱之前和之后分别由仓储部门和专业部门提出设备缺陷单。如果是我方提出缺陷单，初步判断责任方，然后提交甲方专业工程师审核后，交由我方文档部门正式发给甲方，跟踪反馈结果。

项目共提出设备材料缺陷单 532 份，缺陷原因主要包括制造缺陷、厂内焊接质量缺陷、供货错误、包装不当、运输挤压、防腐不合格等。

MQ 处理措施包括国内补供或捎带、现场处理和当地采购等。为加快 MQ

的处理速度，我方来往现场的人员积极帮助捎带缺损件，到场后交给甲方，由甲方统一管理。

11.5 废旧物资管理

执行现场废旧物资管理程序。废旧物资主要包括现场施工剩余的废旧钢材下脚料、架材报废材料、废弃的电缆以及设备材料的包装物等。

通过招标确定了两家废旧物资处理厂，一家负责钢铁类垃圾，另一家负责除钢铁垃圾外的各类垃圾。废旧物资的鉴定执行甲方标准。

另外，我方负责小型工器具的管理，并定期进行工器具的报废，截至项目结束，共报废小型工器具2645件（套）。

工器具报废流程如下：物资部填写报废申请单→总包工程部现场鉴定、签字确认→总包项目经理批准→物资部联系总包仓库进行报废工器具移交→入库、签字、确认。

第 12 章　干系人管理

12.1　干系人识别

干系人识别是识别能影响项目或受项目影响的全部人员、群体和组织，并分析记录他们的相关信息的过程。

项目干系人包括如下：

被项目结果所影响的部门和人：如市政府、当地农场主；

影响项目结果的部门和人：如劳工部、公共事业部；

有决定权的人：如属地发电事业部、业主；

提供资源的部门或人：如总包；

为项目提供数据信息的部门和人：如气象局；

流程中的相关专家：如地质专家、吊装专家。

12.2　干系人管理

干系人的管理是基于其需要、利益及对项目成败的潜在影响分析，制定清晰且可操作的策略，以有效调动干系人参与整个项目生命周期的过程。主要包含业主方的参与；总包方的供货、设计；管理单位的全面组织协调；分包方的人力组织、施工效率；国家劳工政策、环境政策落实；当地政府的劳工保护等内容。

在整个项目周期中，与干系人进行沟通和协作，引导其正确和清晰理解项目的需求。同时，全面准确把握和协调项目干系人之间的关系，预测各方干系人的行动目的，有针对性制定策略，并随环境变化灵活调整策略和计划，以调动干系人参与的过程，感同身受照顾各方感受，取得各方支持。

因干系人角色不同，有针对性开展工作，满足其需要与期望，解决实际出现的问题，并促进干系人合理参与项目活动的过程，成为积极的支持者，提高项目完成率。

参考文献

[1] 陈观福. 国际风电 EPC 总承包项目管理——埃塞俄比亚 ADAMA 风电 EPC 总承包项目管理实践. 北京：机械工业出版社，2015.

[2] 闫茹. 思维导图在建筑项目管理中的应用. 工程管理，2018(31).

[3] 李辉山，马婕. 基于管理协同思想的工程项目管理应用. 应用工程，2016(07).

[4] 王金花. 加强企业文化建设的思考. 企业研究，2011(22).